今日からできる！
障がいのある子の
お金
トレーニング

多機能型福祉施設サービス管理責任者
鹿野佐代子

ファイナンシャル・プランナー
前野 彩

はじめに

　地域で暮らす知的障がい者の中には、残念ながら、家計に行き詰まり、自立した生活を維持できなくなる方がいます。障がいのある人が1人になっても安全で安心な生活を送るためには、経済的な基盤や社会とのつながりが欠かせません。これらは、ある程度までなら親が準備できますが、親が準備したものを子どもが活かすためには、子ども自身のお金に対する知識や体験の積み重ねが不可欠なのです。
　また、知的障がいの子がいる親からは、「子どものために、どのくらいお金を残しておけばよいか？」という悩みをよく聞きます。でも、漠然とした不安にかられるまま闇雲にお金を貯めても、実は、心が安らぐことはないのです。

　著者である私たち2人は、ファイナンシャル・プランナーとしての知識をもとに、鹿野は障がい者支援の現場での金銭教育、前野は子育て家庭の家計相談や中高生を対象としたマネー教育を行っています。そして、日々の経験から、障がいのある子の親が亡くなった後のために、子どもができる範囲で金銭管理能力を身につけておく重要性を感じています。

　しかしながら、知的障がい児・者の教育現場で、個々の能力に応じたきめ細やかな金銭教育をするのは、難しいのが現状です。家庭でも施設でも、親や支援者がお金を管理しているため、子ども本人の判断で使う（管理する）機会が限られているからです。
　社会に出た後も、知的障がい者に向けた金銭教育機関やセミナーなどは極めて少なく、彼らが適切な金銭感覚や意識を身につける機会は非常に少ないのです。

そこで本書は、障がいのある子のために親が準備しておくこととして、さまざまな支援制度をふまえたマネープランと、子どもの金銭管理教育について紹介しています。
　知的障がいのある人が「お金とは何か」「自立した生活を送るためにはどうすればいいのか」など、子どもの状態に合わせた実践策をお伝えします。どれも日々の生活に簡単に取り入れられるワークです。これらはいずれも、特別支援学校や福祉施設などで、軽度から中度の知的障がいのある人とともに実践して、効果が得られました。
　お子さんの個性や障がいの程度に合わせて、できそうなものからチャレンジしてみてください。

　最後に。
　子どもが自分でお金を使えるようになると、できることが増えます。さらには行動範囲が広がり、本人の可能性が広がります。それは「自立」へ近づく第一歩であり、親の何よりの安心ではないでしょうか。
　お金の勉強は年齢に関係なく、いつでも始められます。遅すぎるということは、決してありません。幼児期の子どもも、成人した人も、本書を活用して、親や支援者と一緒に楽しく学んでいただけたら幸いです。

2016年7月　鹿野佐代子・前野彩

contents

プロローグ　3
はじめに　10

第1章　自分でお金を管理して可能性を広げよう

① 親が心配なのは、子どもの将来の「お金、住まい、暮らし」　016
やりたい気持ちはあるけれど、できない金銭教育

② 知的障がいのある人の金銭感覚　020
お金を持たずにグループ外出／電子マネーを使いすぎ、改札を出られずパニック！／電子マネーを使う前に切符の買い方を教えよう／喫茶店で水だけ飲んで注文はナシ？／お金を持っているのに使わない？／自分の力でどこまでも行ける！

③ 知的障がいの特徴を知って能力を伸ばそう　027
障がいの特徴を理解して金銭管理能力を育てよう／お金の教育はいつから始める？／金銭感覚を身につけるためには

④ 貯金推移のグラフ化で当事者にも家計がわかる　034
ファイナンシャル・プランナー（FP）って何をする人？／「ライフイベント表」「キャッシュフロー表」を作る／貯金推移のグラフ化は、本人にも支援者にも効果大／貯金もあるし、もう仕事を辞めても大丈夫？

第2章 お金の基本が身につくトレーニング

1. お金について知っておきたいこと 046

お金について学習するステップ／「両替してください」と硬貨を持ってくる理由／お金の種類を知ろう／お金の3つの役割を知ろう／お金はどうやって持ち運べばいい？／お金を使う練習をしよう／お金の支払い方にはいろいろある／お金の受け渡しは「確認」がポイント

2. お金の"見える化"で計画性を身につけよう 057

お小遣いを"見える化"する「お金カレンダー」／お金カレンダーを作る／お小遣いはルールと金額をセットで決めよう／お小遣いは硬貨で渡す／お金カレンダーを使おう／お小遣いが足りなくなったら？／お金カレンダーの使い方Q＆A／週単位でお金を管理できる「マネポケ」

3. お金を貯める練習をしよう！ 068

お金を貯める目的を明確にする／「貯まったら使う」を実践！／自分の通帳を作ってみよう

第3章 日常生活に役立つトレーニング

1. お金を賢く使うトレーニング 076

計画と管理能力を育てる「ミッションゲーム」

2. 「袋分け」を覚えてお金を計画的に使おう 085

生活費が"見える化"できる「袋分け」のワーク／お金の量を目にすると携帯電話の使用料が減る

3. お金のトラブルを防ぐ教育 097

お金の貸し借りによるトラブル／詐欺、架空請求によるトラブル／LINEのつながりすぎでトラブルに！／借金のトラブル／ギャンブル・酒・浪費によるトラブル／クーリングオフ

4. 障がい者の学校卒業後の進路 107

就労を目指す人へのサポートとは？

第4章　親もお金と上手につきあおう

① **お金の不安はどこから来るの？** 112

家計コントロールのカギは「特別支出」／特別支出表を作ろう／未来の予定を立てよう／貯金計画を立てよう／「お金が足りない?!」のはなぜ？／家計の優先順位はどうやって決めるの？

② **楽して続ける家計管理のコツ** 120

家計簿をつけなくても家計管理はできる／記録は機械（アプリ）に任せよう！／現金の管理は3つのお財布で！／マネポケの使い方をマスターしよう／マネポケの使い方Q＆A／緊急事態発生！そのとき、どうする？／封筒金庫の使い方

③ **親も頑張る！家計の大改造** 132

家計改善は、日々の小さな節約よりも大きな見直しから／保険の考え方を知ろう／親亡き後は「遺族年金」と「障害年金」を活かそう／住居費を見直そう

④ **親の老後の生活は大丈夫？** 143

老後の生活はどうなるの？／老後の生活費のカギを握るのは？／税制を味方に老後資金を準備しよう！／障がいのある人の家庭で相続が起きたら…？

⑤ **親が亡くなった後の子の生活は？** 149

障がいのある人の暮らしの場と支援とは？／グループホームと一人暮らしの収支

今から知っておきたい障がい者とともにある制度 161
「お金カレンダー」＆「マネポケ」のご紹介 174

※本書では、「障害」という言葉が、前後の文脈から人や人の状態を表す場合は、「障がい」と表記しています。ただし、法令や制度名などは「障害」と表記します。
※本書に事例等で登場する人物の名前はすべて仮名です。また、事例にある金額は相談当時のものです。

自分でお金を管理して可能性を広げよう

1 親が心配なのは、子どもの将来の「お金、住まい、暮らし」

知的障がいのある子を持つ親の不安は尽きないものです。多くの親に共通するさまざまな心配事をまとめてみました。

みなさんは、「自分が亡くなった後のこと」を考えたことがありますか？

現在、私（鹿野）は全国各地で、知的障がいのある子の「親亡き後」について講演やセミナーを行っていますが、この活動を始めた当初は、親たちがどのようなことを心配に感じているのか、まだよくわかっていませんでした。そこで、ニーズを掘り起こすために、親の会や福祉施設、社会福祉協議会など主催者の協力を得て、アンケートをとらせていただきました。

アンケートを集計していると、多くの親の心配事の内容に共通点があることが見えてきました。親（自分）が亡くなった後に子どもが経済的にやっていけるか（お金の問題）、現在の持ち家や子どもの住まいをどうするか（住まいの問題）、子どもが社会から孤立しないか、身のまわりの世話をどうするか（暮らしの問題）という、3つの不安に大きく分けられるのです。

中でも、「お金」については、「住まい」にも「暮らし」にも関わってくるため強い不安を感じている人が少なくなく、**とにかくお金を残さなくては**と考えている人が多い印象を受けました。しかし、当の子どもがお金を適切に使えなければ、どれだけお金を残しても不安はなくなりません。**子どもが「お金を使う・管理する力」を身につけてくれたら、かなりほっとできる**のではないでしょうか。

本書では、そんな親の不安を解消するために、まず何から手をつければよいのかをお伝えしたいと思います。

第1章 自分でお金を管理して可能性を広げよう

障がいのある子を持つ親の「親（自分）が亡くなった後」の心配事

お金	**親が亡くなった後の金銭管理**	・子どもがお金で苦労しないために、いくら貯金すればよいか ・成年後見制度以外で財産管理の方法があれば知りたい ・知的障がいのある子の世話をその子のきょうだいに頼むつもりだが、金銭面で負担をかけたくない
	障害基礎年金	・障害基礎年金で足りないお金は、どうすればよいか ・障害基礎年金がもらえるか不安 ・申請したが、不支給決定だった
	成年後見制度	・制度を利用する場合の費用を知りたい ・いつから後見を申請すればいいのか
	浪費する子の金銭教育	・欲しいものがあると欲求を抑えられない ・悪いことに誘われても断り切れない、保証人にされた ・オークションで家のものを勝手に売るのをやめさせたい ・お金の貸し借りをしてはいけないことを、どう理解させるか
住まい	**障がいのある子に不動産を残す場合**	・親一人子一人だが、不動産の処分をどうすればよいか ・障がいのある子に不動産を残したいが、その選択で間違っていないか
	グループホームの入居	・グループホームは、いつから入居手続きをすればよいか ・共同生活ができない子なので、一人暮らしをさせるべきか
暮らし		・新興宗教や怪しいビジネスなどに巻き込まれないか ・とにかく本人に危機感がないので心配 ・金銭管理は親任せだから、一人暮らしができるか不安 ・孤独にならないか ・仲間と旅行できるよう支援をしてほしい ・季節の衣替えなどの意識がないので生活面が心配

出典：鹿野佐代子　特別支援学校PTAの実施アンケート 2012

❋ やりたい気持ちはあるけれど、できない金銭教育

　2012年の「金銭教育報告会」で、特別支援学校のPTA（3団体）にご協力いただき、「障がいのある子どもに家庭で行う金銭教育の必要性」についての意識調査を実施しました。

　質問内容は「①障がいのある子どもへの金銭教育は必要か？」「②障がいのある子どもに金銭教育を行っているか？」の2項目。自由記述欄も設けて134名の保護者（母親132名、父親2名）にご回答いただきました。

　その結果は、**障がいのある子どもへの金銭教育は「必要」という回答が全体の8割以上**を占めました。やはり、多くの親は金銭教育の必要性を感じていたのです。その一方で、「②障がいのある子どもに金銭教育を行っているか？」という質問には、7割弱の人が「行っていない」と回答。アンケートから、「金銭教育の必要性は感じているものの、実行はしていない」という状況がうかがえます。

❦ 金銭教育に関する保護者へのアンケート

質問事項	回答	人数（％）
①障がいのある子どもへの金銭教育は必要か？	必要	111（83）
	必要ない	16（12）
	無回答	7（ 5）
②障がいのある子どもに金銭教育を行っているか？	行っている	29（22）
	行っていない	91（68）
	無回答	14（10）

出典：鹿野佐代子　特別支援学校PTAの実施アンケート2012

　必要と感じながらも、金銭教育を行動に移せない理由は何でしょうか？

第1章 自分でお金を管理して可能性を広げよう

　その答えは、自由記述欄に垣間見ることができました。圧倒的に多かったのは、「教える時間がない」や「子どもの理解力に弱点があるから」というご意見。他にも「教え方がわからない」「親自身の金銭管理能力にも不安がある」などの理由があげられていました。

　ちなみに、金銭教育を行っている親は、「お小遣い帳をつけさせ、レシートと釣り銭を合わせている」「お金の数え方を教えている」「常に財布の中を一定の金額にして持たせている」といったことをされているようでした。

　さて、このアンケート調査には続きがあります。質問①と②は報告会の前に回答を記入してもらいましたが、金銭教育の実践報告終了後に「金銭教育について自由に記述してください」とお願いしました。その回答がこちらです。

金銭教育について自由記述（報告会終了後）
- 日々取り入れられる金銭教育のヒントになった（48名）
- お金を見せながら支援することがわかりやすかった（30名）
- 「袋分け」によるスケジュール管理を実践したい（14名）
- 障がいのある子にお小遣いをいくら持たせたらいいのかわからない（3名）

　このように、金銭教育で行われている方法を具体的に知った親の多くは、その意識が変わっていました。「お金について教えるなんて無理」と思っていた方が、まだ不安はあるものの「これなら子どもにもできそう」「家庭でも教えられそう」と前向きな考え方になっていたのです。「お小遣いをいくら持たせたらいいのかわからない」というコメントも、子どもにお金を使わせることが前提になっています。

知的障がいのある人の金銭感覚

まずは、障がいのある人が、実際にどのような金銭管理上の問題を抱えているのかを、具体的にご紹介します。

　生活支援の現場では、知的障がいのある人たちの日常生活を楽しく豊かにするためのお手伝いとして、旅行や、数人のグループなどで外出する「グループ外出」という行事があります。楽しく外出するために、行先やその日のスケジュールを決め、交通ルートを確認して出かけるのですが、外出先ではみなさんの金銭感覚に驚かされることが、しばしばあります。実際にあったエピソードをいくつかご紹介しましょう。

✳ お金を持たずにグループ外出

　当時の私（鹿野）は、働いてお給料をもらっている人は、お金についての理解力（金銭管理能力）や生活力がある程度身についているものだと思っていました。ですが、支援現場ではその予想を裏切られる出来事が次々と起こり、「お金」に関する問題が山積していきました。

　例えば、私と5人の当事者とでグループ外出をしたときのことです。彼らは、18歳〜特別支援学校を卒業して就職したての人たちでした。映画を見る前にランチをとることになり、レストランに入りました。それぞれ自分の食べたいものを注文し、1人が「デザートも食べたいな」とつぶやいたのをきっかけに、全員デザートを注文。
　食事を終えて会計になると、5人のうち2人は自分の食べたものを確認して財布からお金を出していました。でも、残りの3人はなぜか

第1章 自分でお金を管理して可能性を広げよう

ジーッと私の顔を見つめています。上映開始時間が近づいているので会計を急かしますが、彼らはレジの前で立ったままで、財布を出す様子もありません。なんと、3人は支援者である私がデザートぶんもすべて支払ってくれると思っていたようです。

　映画鑑賞やショッピング、カラオケなどグループで遊びに出かけるときは、交通費や食事代、映画の入場料などのお金は当事者が準備する必要があります。ところが、当事者の中には、親や支援者の同行があると、自分で支払わなくてもよいと思い込んでいたり、そもそも財布の中にいくらお金が入っているのか確認せずに出かけたりする人がいます。
　当事者同士で出かけた場合に、お金が足りなくなり、貸し借りが発生して、トラブルに発展することもあります。

✳ 電子マネーを使いすぎ、改札を出られずパニック！

　19歳のつばささんは、作業所まで電車で通うことになったので、初めてチャージ式交通系ICカードを持ちました。現金を持ち歩かずにすみ、切符を購入しなくても電車とバスを相互に利用できるため、親が5,000円ほどチャージして渡したようです。

最近は、交通系ICカードを使って駅の中の自動販売機や売店で買い物ができます。つばささんは、いち早くその機能を使いこなし、売店でお菓子やジュースを買っていたようです。その結果、チャージされた電子マネーを使い切ってしまい、ある日、とうとう残高不足で改札から出られなくなってしまいました。さらに、無理やり改札を突破したところを駅員さんに止められたことでパニックに。その後、駅員さんが親に連絡して不足分を支払ってもらい、事なきを得ました。

　交通系ICカードには定期券として使える機能があります。定期券にプラスしていくらかチャージすることも可能ですし、障がいのある人が定期券を購入する際には「障がい者割引」が適用できる場合もあります（実際にはチャージをせずに渡し、定期券としてのみ使わせている親のほうが多いです）。つばささんの親は交通系ICカードの機能についてあまり詳しくなかったようです。

　つばささんには、便利な機能を使いこなす力はあるので、定期券にプラスチャージしておけば、今回の出来事は防げたかもしれません。

✽ 電子マネーを使う前に切符の買い方を教えよう

　電車やバスなどの公共交通機関を使う際、SuicaやICOCAなどの電子マネーは切符を買わずに改札を通過できて大変便利です。そのか

第1章 自分でお金を管理して可能性を広げよう

わり、「切符を買う機会」はほとんどなくなってしまいました。

切符を買うということは、①路線図を見て現在の駅から目的地までのルートを確認して、②目的地までの切符の値段を確認して、③財布からお金を出して券売機で切符を買う、という行為をしなくてはなりません。その他にも、降車駅を出るまで切符を落とさないように管理しなくてはなりません。

一見不便なことのように思えますが、1枚の切符を自分で買うまでには、聞いて、見て、行動する、たくさんの体験の場が詰まっています。また、切符を買い間違えたりなくしたりするアクシデントが起きたとき、どのような行動をとればよいのかを知る機会にもなります。

自分の財布からお金を出すトレーニングにもなるので、ぜひ、電車で出かけるときには、切符を買うようにしてみてください。

✳ 喫茶店で水だけ飲んで注文はナシ？

ある日、20代の当事者たちと8人で外出していたときのこと。出発時は天気がよかったのですが、帰りには突然夕立が降ってきました。少し待てば雨が上がりそうだったので、喫茶店に入って雨宿りしてから帰ることに。8人全員で座れる席がなかったので2つのテーブルに分かれました。

しばらくすると、店員さんが困った顔で私のところにやってきました。なんと、別のテーブルに座った4人が、「水だけでいいです！」と言って何も注文せず、何杯も水をお代わりしているというのです！

こんなこともありました。23歳の優人さんは、会社へ行く途中にある牛丼専門店でトイレを借りて、サービスで置いてある水を飲み、何も買わずに出て行くという行為を毎朝繰り返していました。

優人さんいわく、「トイレをお借りしてもよろしいでしょうか？」「お水をいただいてもよろしいでしょうか？」と店員さんに声をかけ、相

手から「どうぞ」と言われたので、問題ないと思っていたそうです。衝撃のカミングアウトでした！

　当事者の中には、外出する際に最低限のお金しか持ってこない人や、極端にお金を使いたがらない人がいます。気軽に入れるコンビニやフランチャイズ店などで、何も買わず、何も注文せずに毎回トイレを借りて、サービスのお水だけをもらうのはもちろんマナー違反。こうした行為に気づいたら、まずはルールを教えなくてはなりません。**「自分がした行為の何がよくて、何がいけなかったのか？」を具体的に教える**必要があります。また、十分なお金を持っていなかったためにやむを得ずした行為なら、**お小遣いの金額を見直す**べきでしょう。

❋ お金を持っているのに使わない？

　自分のお金を持って外出するときは、その日の行動予定や万が一のハプニングを想定し、少し余裕のある金額を財布に入れておくと安心です。とはいえ、過去にはこんなことがありました。

　その日は施設の外で作業をすることになり、昼食のお弁当は作業現場まで配達してもらう予定でした。ところが、お弁当を配達する業者にアクシデントが起こり、お弁当が届かなくなってしまったのです。当事者には事前に1,000円ほどのお金を持ってくるように伝えていたので、予定を変更して近くのファミリーレストランでお昼を食べることにしたのですが、1人だけ「僕は行きません！」とその場から動こうとしません。

　「お金を持ってくるのを忘れたの？」と聞くと、「持っています」と答えます。「じゃあ、どうしてお昼ご飯を食べに行かないの？」と聞くと、「お母さんに『何かあったときに使いなさい』と言われたから、何かあったときに使います！」とのこと。「今がその『何かあったとき』なんですけど……」と私は思いましたが、その人が考える不測の事態

第1章　自分でお金を管理して可能性を広げよう

とは違っていたようです。

　結局、全員でレストランには来ましたが、その人はサラダしか食べませんでした。体力が持たなかったようで、午後の作業はほとんどできない状態でした。

　必要なものにお金を使えないということは、自分自身のためにもなりませんし、社会に出れば、自分の気持ちを最優先にできない場面も多々あります。生きる力を身につけるためにも、こうしたことを学んでいってほしいと思います。

✳ 自分の力でどこまでも行ける！

　一方で、自分でお金を使う力を発揮して行動範囲を広げた方々もいらっしゃいます。もちろん、1人で行動すると、失敗することも、トラブルが起きることもあります。でも、そうした経験を重ねながら、自立への一歩を進んでいくのです。

　敬一さん（34歳／療育手帳A）は大阪のグループホームで生活しています。フルタイムで分別作業の仕事をしているので、給料は手取りで15万円ほど。生活費はこの給料でまかなえるので、受給した障害基礎年金はそのまま貯金しています。どんどんお金が貯まっていくので、ときどき支援者に同行してもらって、東京や北海道などへ旅行していました。

　ところがあるとき、敬一さんから「自分1人で行きたい」と申し出があったので、夜行バスの切符の手配などを支援しましたが、無事に旅行を終えられました。その後数回は心配でバス乗り場までついていきましたが、今は彼1人で切符を買い、いろいろな場所へ出かけて、人生を楽しんでいらっしゃいます。

　大阪のグループホームで暮らす久留美さん（24歳）と信也さん（28歳）は、グループ外出で静岡に出かけた帰りの新幹線で眠ってしまい

ました。新大阪駅で他のみんなが下車し始めたころに目覚めましたが、2人は降りるのが間に合わず、新幹線のドアは閉まってしまいました。
　まだ携帯電話のない時代で、支援者は2人と連絡がつくまで不安でいっぱいでした。2時間以上、新大阪駅で待ってみたけど戻ってこない。そこで、グループホームに電話してみると、とっくに2人は帰っているというのです。
　信也さんは電車が大好きで、仕事が休みの日は神戸や京都まで出向いています。その経験が助けになって、難なく帰って来られたとか。いつもは少し頼りない彼ですが、泣きじゃくる久留美さんにジュースを買ってなだめ、グループホームまで連れて帰ったこのときは、支援者もたくましく感じたそうです。

　ダウン症の涼子さんは念願の就職を果たして1か月後に、初任給が振り込まれました。涼子さんとお母さんは銀行へ行き、8万円の給料が振り込まれていることを確認。お母さんは彼女に預金の引き出し方を教えましたが、給料はそのまま口座に置いておきました。
　まさか1人で引き出しに行くとは思わなかったので通帳を本人に預けておいたところ、後日、涼子さんは銀行で口座のお金を全部引き出し、携帯電話の契約に行きました。未成年だったので親の同意書が必要になり契約できませんでしたが、契約行為をしようとしたことを知ってお母さんはびっくり。「まさか、そんなことができるとは思っていませんでした。いろんな力があるのですね〜」と困惑されていました。

　実際の支援の現場では、ここで紹介した以外にも、お金にまつわるいろいろな失敗エピソードが起きています。そして、その都度**「失敗しないための方法」を考えて、次はうまくいくような後押し**をしてきました。ただ注意して終わるのではなく、次へのチャレンジ精神を持たせることが、お金を正しく上手に使う力を伸ばすカギになるのです。

知的障がいの特徴を知って能力を伸ばそう

「もらって」「使って」「行動する」が成長のカギ！
体験の積み重ねが、本人の「できること」を増やすのです。

　知的障がいのある人は、同年齢の人の平均と比べて、知的な働きや発達がゆっくりとしています。病気や事故などのさまざまな原因があり、知識を増やしていくことが一般の人よりも円滑にいきません。ですが、ゆっくりと丁寧に何度も繰り返して経験することで、「できること」が増えていきます。

　金銭教育もその1つ。「自分の財布」から「自分の手」でお金を出して使えるようになると、親がついていなくても自分で欲しいものを買ったり、外で食事をしたり、友達同士で遊びに行ったりすることができるなど、生活の幅が広がります。

知的障がいの特徴とは？

- 社会生活への適応が不十分
- 抽象的な概念の理解や漢字の読み書きが苦手
- 学習に時間がかかる
- コミュニケーションがうまく取れない
- 言葉で表現することや、とっさの状況判断が苦手
- 先々の見通しを立てて行動するのが苦手
  （一人ひとりその程度は異なります）

❋ 障がいの特徴を理解して金銭管理能力を育てよう

　金銭管理能力は「もらう」と「使う」の体験の積み重ねで身につくものです。「お金を使うことなんて、誰でも、そのうちできるようになるだろう」と思っていませんか？　年齢を重ねたからといって急にできるようにはなりません。でも、ご心配なく！　お金についてよく知らないまま大人になった人も、お金で失敗したことがある人も、今から始めても全然遅くありません。

　知的障がいがある人の場合、何度も繰り返して体験を積むことで力がついてきます。障がいのある人が、「上手にお金を使いたい」という意欲を見せたときは、一から学ぶ機会をつくってほしいと思います。

❧ 金銭教育をするときに配慮したいこと

①社会性を養うためには、日々できるトレーニングを根気よく行うことです。今日できていることでも、明日になれば忘れてしまう場合があるので、何度も繰り返し行うことが大切です。

②知的障がいのある人は、相手の声のトーンや口調などに過敏に反応する傾向があります。大きな声や早口でまくし立てられると情緒不安定になる場合があるので、簡単な言葉でゆっくり話します。

③頭の中で想像しながら物事を考えるのが苦手です。写真や絵カードを見せて説明すると、理解しやすい場合があります。たとえば「10円が10個でいくらになるか？」を教えるとき、口頭で説明するよりも、実際に10円玉を10個見せて説明したほうが理解しやすくなります。

④言葉の概念が形成されていないことが多いので、理解したように見えても実はよくわかっていない場合があります。ポイントを本人に復唱してもらい、本当に理解しているか確認する必要があります。

⑤注意するときは、短く簡潔に伝えましょう。だらだらと注意され続

第1章　自分でお金を管理して可能性を広げよう

けると、そのうちなぜ注意されているのかわからなくなり、失敗体験だけが記憶に残って行動を躊躇するようになります。また、何度も同じ注意をされる場合は、根本を理解できていない可能性があります。もう一度、基本に戻って説明しましょう。
⑥一見お金の価値を理解していないような場合でも、自分でお金を「持つ」「お店の人に渡す」経験を積ませましょう。
⑦うまくできたときは、少し大げさなくらいほめてあげてください。成功体験は社会で生きていく自信につながります。

✳ お金の教育はいつから始める？

　障がいがある人への金銭教育は、年齢を問わず始めることができますが、やはりできるだけ早くから取り組むことが望ましいと考えます。ゆっくりと成長する人たちですので、時間をかけて、金銭感覚を身につけていきましょう。

STEP 1　幼児期
　硬貨に触れる機会をつくります。たとえば、自動販売機でジュースを買うときに、お父さんやお母さんが抱っこしながら、自分でお金を入れてジュースのボタンを押させてみます。まだ、お金がどんなものなのか理解していないので、口に入れたり、飲み込んだりしないように注意してください。

STEP 2　学童期1
　硬貨の種類を見分けられるようにトレーニングします。硬貨の絵柄を親子でスケッチしたり、多数の硬貨の中から同じ種類の硬貨を選別して積み重ねて高さを競ったりします。子どもにとって難しそうでも、お金を「見て、触る」ことが硬貨の種類の違いを理解させるステップ

となります。

　硬貨をより身近なものにするためにも、中身が見える自分専用の貯金箱を与えましょう。硬貨は自分で入れさせて、貯まっていく様子を一緒に確認します。「たくさん貯まったね」「これで何を買おうか？」と、お金を使う目的について話し合ってください。

➡ 47ページに親子でできるワークを紹介しています。

STEP 3　学童期2

　スーパーなどに行って「50円」や「100円」で買える品物を探したり、自分でカゴを持って買い物をさせてみましょう。自分の財布からお金を出してレジの人に渡したり、お釣りを受け取ったりして、お金のやり取りの方法を身につけます。

　お金のやり取りは、支払う自分とお店の人とのコミュニケーションの場。レジでお金を投げて支払ってはいけないことなど、道徳について教える機会にもなります。

➡ 53ページにお金を使う練習について紹介しています。

STEP 4　中学生以上

　お小遣いの金額と渡す日を決めて、自分で管理させてみます。お小遣いは硬貨で渡しましょう。はじめは1週間ごとに月曜日から金曜日までの分と土曜日・日曜日の分を分けて渡してみて、親が見守りながら進めます。1人で管理できそうなら、土日分も含めて1週間分渡してみるのがよいでしょう。

　いきなり長期の管理をするよりも、短い期間でトライさせたほうが先の見通しが立てやすくなります。管理をさせると決めたら、子どもがお金を使い切ってしまっても、次の約束の日まで渡さないことを伝えてください。お小遣いを渡す時間と場所を決めておく必要もありますね。

➡ 57ページにマネートレーニングツール「お金カレンダー」を紹

第1章　自分でお金を管理して可能性を広げよう

介しています。

STEP 5　高校生以上

お小遣いを一定の期間管理できるようになったら、お札で渡す週を作ってみましょう。自分が管理するお金が硬貨からお札になることで、親から大人として認められるようになったと、自分自身の成長も実感できるのではないでしょうか。

➡ 67ページにマネートレーニングツール「マネポケ」を紹介しています。

❋ 金銭感覚を身につけるためには

①お金と物の交換を体験させる

外でお金を使わせることが不安なうちは、おやつとお小遣いの交換など、家庭内でやり取りする機会を設けてもよいでしょう。外での買い物では手始めに、自分専用の日用品（歯ブラシなど）を一緒に買いに行くのがよいでしょう。

②生活していくためには、お金が必要であることを教える

ときどき、「うちの子はお金を使わないんです」と言う親がいらっしゃいます。実は、**お金を使いたがらない子は、浪費する子と同じくらいやっかい**。なぜなら、社会に出てもお金を使いたがらないからです。グループホームなどの共同生活の場で、生活必需品すら買おうとしない人がいます。たとえば、シャンプーや歯磨き粉などの日用品は他の人の物を使っていたり、洗髪や歯磨きそのものをしていなかったりと、生活習慣にも影響しています。支払わなければいけないグループホームの利用費までも、「お金を使いたくない」という理由で滞納している人も中にはいます。

お金を使うことに対して不安や罪悪感を持ってしまうと、使うべき

お金が使えなくなり、お金が貯まっていても安心できないという、アンバランスな心理が生まれてきます。

「お金を使わない子だから、浪費の心配はない」とすませるのではなく、健康で安全な生活を送るための食品や日用品などは、「買う必要があるもの」だと教えましょう。その際、収支をグラフなど目に見える形で見せるなど、本人が金銭管理しやすい枠組みを作ると、お金を使うことに難色を示さなくなってきます。

③特別なお手伝いをしたらアルバイト代を渡す

　子どもに**お金を稼いで増やす体験をさせる**ことも大事です。たとえば、庭の草むしりやシーツ交換、窓ふき、ベランダの掃除など、特別なお手伝いをしたら「アルバイト代」として臨時のお小遣いを渡します。お小遣いが足りなくなっても、自分が働くことで増やせるというシステムです。お手伝いの内容とその料金を示したアルバイトメニュー表を作っておくのもよいでしょう。

➡ 63ページに「お手伝いカード」を紹介しています。

🌿 **アルバイトメニュー表の例**

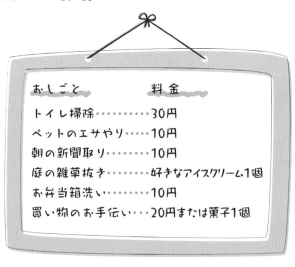

第1章 自分でお金を管理して可能性を広げよう

④子どもが欲しがっても、何日か待たせて考えさせる

　本当に必要で欲しいものなのか、一時的に「欲しい！」と思ったものなのかを考えさせる練習です。キャッチセールスに引っかかって10万円の美顔器を購入した人や、30万円の英会話講座の受講を即決して一括払いしてしまった人がいます。その瞬間は「欲しい！」「やりたい！」と思ったようですが、冷静に考えてみると、本人たちも「やっぱり必要なかった……」と気づきます。

　クーリングオフ制度もありますが、それ以前に、すぐに買うのを我慢して一度家に帰るという行動がとれれば、契約することはなかったはず。子どもが何かおねだりしたときは、すぐに買い与えるのではなく、何日か待たせて「本当に欲しいものなのか」よく考えさせましょう。

⑤買いたいものの目標を立てて貯金させる

　貯金箱に欲しいものの写真を貼り、貯めてから買うという練習をさせましょう。逆に言えば、貯めたお金を「使う」練習です。

　ご家庭内に、何年も放置したままの貯金箱はありませんか？　いつ、何のために使うのかという目標設定をしていないと、この先も「使えないお金」になってしまいます。

貯金推移のグラフ化で当事者にも家計がわかる

障がいのある子に家計管理は難しい……と考える親は少なくありませんが、収入と支出、貯金額の推移などをビジュアルで説明すると理解しやすくなります。

❋ ファイナンシャル・プランナー（FP）って何をする人？

　講演で「みなさん、ファイナンシャル・プランナーってご存じですか？」とたずねると、「生命保険の見直しをしてくれる人」、「銀行で住宅ローンの見直しを提案してくれる人」という答えが返ってきます。実は、ファイナンシャル・プランナーは生命保険会社や銀行に特化した資格ではありません。個人の夢や目標をかなえるために、保険や金融、不動産や税金などの幅広い知識を持って、家計の収入と支出のバランスを分析し、アドバイスを行う「お金の専門家」なのです。

　障がいのある子たちの「親亡き後」のお金について不安や疑問を持つ親の中には、専門家に相談されている人もいらっしゃいます。ファイナンシャル・プランナーは相談者の家計やライフプランを第三者の視点で分析し、対策やアドバイスを提案します。こうした**ファイナンシャル・プランニングの考え方は、親の家計管理はもちろん当事者の金銭教育にも役立つ**のです。

❋「ライフイベント表」「キャッシュフロー表」を作る

　ファイナンシャル・プランナーはまず、相談者の希望を明確にするために「**ライフイベント表**」を作成します。これは、**自分自身や家族みんなが今後やりたいことをまとめたもの**。たとえば、子どもの成長にともなうイベント（進学、習い事など）や、車の買い替え、家族旅

第1章　自分でお金を管理して可能性を広げよう

行、マイホームの購入など、人生の節目となる出来事を書き出して表にまとめます。詳しくは第4章の114ページをご覧ください。

障がいのある人のライフイベント表は単調になりやすいので、楽しみになるイベントを盛り込むことで生活に張りができます。なるべくたくさん盛り込んでくださいね。

ライフイベントの例

就職活動	リクルートスーツなどの購入
就労	通勤服などの購入、ランチ代、交際費
余暇活動	旅行、コンサート、お祭り、習い事、趣味道具の購入
生活	グループホーム入居、一人暮らし、引越し、ショートステイ利用、ウィークリーマンションの利用
結婚	結婚式、出産、子どもの入園・入学、マイホーム購入

そして、作成したライフイベント表をもとに、「**キャッシュフロー表**」を作成します。キャッシュフロー表とは、**毎年の収入と支出の状況や、貯金の推移を予測する表**のことです。

「障がいのある子のキャッシュフロー表を作成したいので、作り方を教えてほしい」という要望もよくいただきます。ここで、簡単なキャッシュフロー表の作り方をご紹介しましょう。

まず、知的障がいのある人の暮らしの中で予想されるライフイベントを書き出し、ライフイベント表を作成してみましょう。そして、1か月単位の家計簿や計画表などを参考にして、1年分の収入と支出をまとめます。主な支出には、食費、住居費、水道・光熱費、支援サービス料、携帯電話代（通信費）、お小遣い、その他（上記に当てはまらない特別な支出やライフイベントの支出）があります。家計簿をつけていなければ、通帳に記載されている1年分の収支をもとに作成してもかまいません。

障がいのある子どもの将来について相談を受けると、親も本人も支援者も、**漠然とした家計の不安**を訴えられます。それは、先の見通しが立たないため、お金がどれくらい貯まり、どれぐらい必要なのかがわからないという心配や、お金が足りなくなったらどうしようという恐怖心から来るものです。ですが、やりたいことを盛り込んだ**キャッシュフロー表を作ってみると、意外にも貯金が増える傾向にあって「お金が足りない」という不安が解消される家計も多い**のです。

✲ 貯金推移のグラフ化は、本人にも支援者にも効果大

　そして、キャッシュフロー表の作成や貯金の推移の「グラフ化」には次のような効果があります。

- 将来にわたるお金の流れが視覚的にわかる
- お金が増えることがわかると、人生のモチベーションが上がる
- やりたいことが実現しやすくなる
- お金が減ることがわかると、何が問題なのか分析しやすくなる
- お金が減らないよう、早い時期に対策を立てられる
- 親亡き後のために、いくら残せばよいのか試算しやすくなる

　知的障がいのある人には、**数字の羅列よりも貯金残高の推移をグラフ化したものを見せたほうが、お金の流れを理解してもらいやすい**傾向があります。

第1章 自分でお金を管理して可能性を広げよう

Example

グループホームで生活する人のキャッシュフロー表

> **あい子さん（25歳／療育手帳B2）**
> パート勤務で収入があり、毎年の家族旅行や、ご両親へ誕生日プレゼントを贈ることを楽しみにしています。3年後には両親への結婚30周年記念のプレゼントを、4年後には携帯電話の機種変更をしたいと考えています。

まず、あい子さんの1か月の収入（給料、障害基礎年金）と支出を書き出してみます。それを12倍すれば、1年間の収支がわかります。

あい子さんの1か月の収支

内　訳	金　額
給料	10万円
障害基礎年金	6.5万円
収入合計	16.5万円
グループホームの家賃	3万円
食費	2.5万円
水道・光熱費	1万円
支援サービス料	0.5万円
携帯電話代	1.5万円
お小遣い	4万円
支出合計	12.5万円
残金	4万円

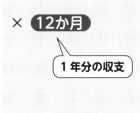

× 12か月 → 1年分の収支

そして、キャッシュフロー表と、貯金残高のグラフは次のページのとおりです。

あい子さんのキャッシュフロー表

	(年)	現在 2016	1年後 2017	2年後 2018	3年後 2019	4年後 2020	5年後 2021
年齢	あい子（歳）	25	26	27	28	29	30
収入	収入	120	120	120	120	120	120
	障害基礎年金	78	78	78	78	78	78
	収入計	198	198	198	198	198	198
支出	グループホーム家賃	36	36	36	36	36	36
	食費	30	30	30	30	30	30
	水道・光熱費	12	12	12	12	12	12
	支援サービス料	6	6	6	6	6	6
	携帯電話代	18	18	18	18	18	18
	お小遣い	48	48	48	48	48	48
	その他	10	11	8	13	14	13
	支出計	160	161	158	163	164	163
	年間収支	38	37	40	35	34	35
	貯金残高	38	75	115	150	184	219
	ライフイベント		テーマパーク(7万円) 家族の誕生日祝い(1万円)	沖縄旅行(8万円) 家族の誕生日祝い(1万円)	スキー(5万円) 家族の誕生日祝い(1万円)	北海道旅行(8万円) 両親の結婚30周年祝い(3万円)	携帯買い替え(6万円) 旅行(5万円) 家族の誕生日祝い(1万円)	旅行(10万円) 家族の誕生日祝い(1万円)

第1章 自分でお金を管理して可能性を広げよう

(万円)

6年後 2022	7年後 2023	8年後 2024	9年後 2025	10年後 2026	11年後 2027	12年後 2028	13年後 2029
31	32	33	34	35	36	37	38
120	120	120	120	120	120	120	120
78	78	78	78	78	78	78	78
198	198	198	198	198	198	198	198
36	36	36	36	36	36	36	36
30	30	30	30	30	30	30	30
12	12	12	12	12	12	12	12
6	6	6	6	6	6	6	6
18	18	18	18	18	18	18	18
48	48	48	48	48	48	48	48
13	13	13	13	13	13	13	13
163	163	163	163	163	163	163	163
35	35	35	35	35	35	35	35
254	289	324	359	394	429	464	499
旅行 (10万円) 家族の誕 生日祝い (1万円)	旅行 (10万円) 家族の誕 生日祝い (1万円)	旅行 (10万円) 家族の誕 生日祝い (1万円)	旅行 (10万円) 家族の誕 生日祝い (1万円)	旅行 (10万円) 家族の誕 生日祝い (1万円)	旅行 (10万円) 家族の誕 生日祝い (1万円)	旅行 (10万円) 家族の誕 生日祝い (1万円)	旅行 (10万円) 家族の誕 生日祝い (1万円)

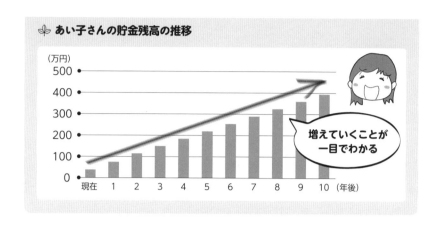

貯金もあるし、もう仕事を辞めても大丈夫？

　キャッシュフロー表とグラフ化で効果があった事例を、あと2つ紹介します。以下は、2004年から始めた研究活動推進助成事業にご協力いただいた方の実際のグラフです。

年間収支から老後資金を考える

> **美津子さん（55歳／療育手帳B1）**
> 　早くから親元を離れてグループホームで生活しており、35年以上働いてきました。収入はビル清掃のパートの手取りが月約8万円と障害基礎年金（月額約6万6,000円）です。

　美津子さんは、計算は苦手ですが、簡単な文字を書いたり読んだりすることはできます。かわいいものが好きな方で、服やバッグなどは自分のお小遣いの範囲で買いますが、決して無駄遣いはしません。グループホームの支援者にお金を管理してもらい、こつこつ貯めた自分の貯金が1,000万円以上あることも知っていました。
　仕事が休みの土日は支援センターに出向いて、趣味のサロンや旅行

などにも参加。土日の余暇が充実しているぶん、婚活パーティーやダンスサークル、編み物教室、温泉旅行など、もっと楽しみを増やしたい気持ちが募り、仕事を辞めたいと思い始めたようです。

当時（2004年）、グループホームの家賃補助などの制度はまだなく、仕事を辞めるということは、障害基礎年金だけでは不足するぶんを貯金の取り崩しで補うことを意味しました。1,000万円という金額が「今すぐ仕事を辞めたい」という希望をかなえられるものなのか、それとも老後資金には足りないのか、ということがご心配だったようです。

年間の収支を出して、グラフ化してみると……これは大変！　55歳で仕事を辞めると、12年で破綻してしまうことがわかりました。

このグラフを見た美津子さんは、1,000万円持っていても、今すぐ仕事を辞めたらお金が減っていくことが理解できたようです。彼女は退職を思いとどまり、60歳まで働き続けました。

また、法律改正により2006年4月以降は、65歳以上で障害基礎年金と老齢厚生年金の受給権がある場合、同時に両方の年金を受給できるようになりました。グループホームの利用費についても、現在は

🌿 美津子さんの1年間の収支

年間の収入		
収入	79万円	65歳から厚生年金をもらうまでは障害基礎年金のみを収入とします。
年間の支出		
基本生活費	99万円	8.2万円×12か月分
ホーム修理代	1.5万円	
お小遣い	48万円	
旅行	5.5万円	
サークル代	6万円	
その他	2万円	医療費や予備費など
支出合計	162万円	

美津子さんの収支の推移

(万円)

	現在	1年後	2年後	3年後	4年後	5年後	6年後
収入	79	79	79	79	79	79	…
支出	162	162	162	162	162	162	…
合計	-83	-83	-83	-83	-83	-83	…
貯金残高	1,000	917	834	751	668	585	…

美津子さんの貯金残高の推移（55歳で退職した場合）

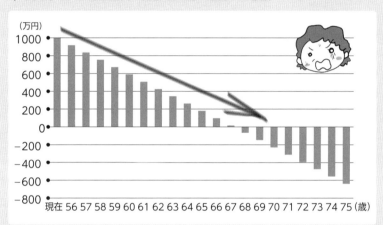

出典：鹿野佐代子　研究活動推進助成協力 2004

　家賃補助が利用者1人あたり月額1万円を上限に補足給付されます。こうした制度変更もあり、彼女の貯金額の推移は、次の表のように変わりました。美津子さんのご両親も健在なので、いずれ相続でお金が増える可能性があります。これからは、希望されていた婚活パーティーやダンスサークル、編み物教室、温泉旅行も思う存分楽しんでほしいと思います。

60歳からの美津子さんの貯金残高の推移（60歳まで在職した場合）

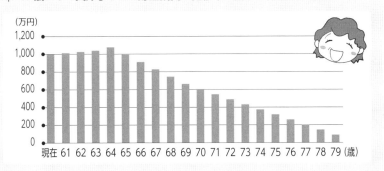

年間収支から老後資金を考える

陽太さん（36歳／療育手帳B2）、美咲さん（36歳／療育手帳B2）

ご夫婦とも知的障がいがあり、共働きで、収入は夫婦合わせて月35万円（障害年金は月額約6万6,000円）です。11歳の子が1人おり、大学までの進学を希望しています。

教育費と住宅ローンの繰り上げ返済の相談に来られました。
まずは、キャッシュフローをグラフにしてみました。

住宅を購入されたため、一時的に貯金は減りましたが、ご夫婦ともに働いていらっしゃることと、障害基礎年金の受給をされていることから、生活費の心配はありませんでした。教育費についても、経済的な面で問題ないことがわかりました。お子さんが学校を卒業し、就職された場合、夫婦共働きを続けているなら資金に余裕が出そうです。

この結果から、住宅ローンの繰り上げ返済を検討するなら14年後あたりがよいでしょうとアドバイスしました。

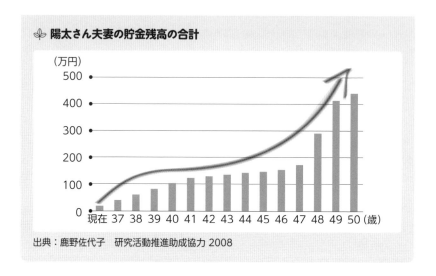

出典：鹿野佐代子　研究活動推進助成協力 2008

　ライフプランを作成し、それに基づくキャッシュフロー表を立てて貯金の流れを見るだけで、将来設計がしやすくなります。この表を作成した人の中には、貯金が貯まる傾向にあったので「使う支援」に切り替えた人もいます。「何かあったとき」という漠然とした不安のために貯金する必要もなくなり、やりたいことが実現できそうです。

キャッシュフロー表は、エクセルなどの表計算ソフトやインターネットの無料サイトなどを使っても作成できます。自分で作りたいという人は、『本気で家計を変えたいあなたへ』（前野彩著／日本経済新聞出版社）をご参照ください。

お金の基本が身につく
トレーニング

お金について知っておきたいこと

お金を使わずに生活するのは不可能です。まずは、お金の種類や役割、使い方の基本を覚えて少しずつ使い始めましょう。

❋ お金について学習するステップ

特別支援学校から依頼される金銭教育でもっともリクエストの多いテーマが、**「お金の計画の立て方」「お金の管理方法」「金銭トラブルの防止」**などです。これは、将来、就職を目指す生徒たちが「給料」という大きなお金を管理するようになったときに困らないよう、計画の立て方や金銭トラブルの知識を身につけておく必要があるからです。

ですが、実際に特別支援学校で授業をしてみると、金銭計画について学ぶ以前に、そもそも「お金とは何か？」を理解していない生徒が多いのです。これは、特別支援学校だけではなく、お金について学ぶ機会のなかった成人の障がい者にも見られます。

子どもでも大人でも、障がいのある人にお金のことを教えるとき、私はまず第一歩として**「お金の基本」**から始めています。

❧ お金の基本を知るステップ

> ①お金の種類を知る
> ②お金の役割を知る
> ③お金を持つ
> ④お金を使う
> ⑤お金を使うための計画を立てる
> ⑥お金を管理する方法を知る

第2章 お金の基本が身につくトレーニング

✤「両替してください」と硬貨を持ってくる理由

　日向さん（32歳）は就労していて、お小遣いも自分で管理しているのに、定期的に私のところへたくさんの硬貨を持ってきては「鹿野さん、両替お願いします」と紙幣への両替を求めました。どうして硬貨を使わないのかと尋ねると、「面倒くさいから」と言います。でも、日向さんのお金の使い方をよくよく観察してみると、どうも**硬貨の種類と価値を理解していない**ようでした。

　お札での支払いはできるけれど、硬貨を使う必要に迫られると、しばらく財布とにらめっこをしていますが、結局財布からジャラジャラと硬貨を取り出して、支払う金額ぶんを店員さんに取ってもらっていました。

　硬貨の区別ができない人がいることは、特別支援学校や就労・生活支援センターで実施した金銭教育セミナーでのワークからも実感しています。たとえば、100円玉と500円玉の表面（数字ではない絵柄のほう）を見せて「500円玉はどっちでしょう？」と質問すると、100円玉を指して「500円」と答えた人が何人もいました。

　「100円玉を財布から出してください」と指示したときも、自信なさそうに隣の人が出す硬貨を確認する様子が見受けられました。

Work どちらが500円玉？

　また、「10円玉が5枚で50円」「50円玉が2枚で100円」というように、**数枚の硬貨が1枚の硬貨と等価であるという関係性を理解すること**も、障がいのある人にとってはとても難しいことのようです。

❋ お金の種類を知ろう

　ここからは、お金の基本を教えるステップについてご紹介していきます。まずは、児童〜成年を対象にした「お金の種類の教え方」です。

　日本の硬貨は6種類。それぞれ色も違えば、形も違います。硬貨の種類を見分けるために、**実際のお金を見ながらスケッチしてもらったり、お金にまつわるエピソードを話したり**しています。親も、長年使ってきたお金なのに、あらためてよく見ると「あれ？　こんな柄だったのか」という気づきがあるはずです。

`Work` 10円玉の絵柄を描いてみよう。

🌿 お金にまつわるエピソード

1円	1円玉は大量に作られますが、その製造には、なんと1円以上のコストがかかっています。原価のほうが高いお金なのです。
5円	5円玉をよく見ると、稲と水の絵柄の他に、中央の穴のまわりにギザギザした歯車が描かれています。稲は農業、水は水産業、歯車は工業を表します。戦後の日本の復興を願って造られたお金と言われています。よく、神社やお寺を参拝するときに「ご縁がありますように」と5円玉を賽銭箱に入れますが、私たちの命に関わる水、食物、仕事にご縁があるように、という気持ちを込めてお参りするとよいかもしれません。

第2章 お金の基本が身につくトレーニング

10円

10円玉では「実物を見ないで、頭の中で10円玉を想像して描いてみてください」というワークをよくやります。
一般の人でも、なかなか正確に描けません。なぜでしょう？ それは、お金について学習する機会がなかったからです。よく見てください。10円玉にはかわいいリボンが付いていることに気づいていましたか？

50円

かつて、50円玉に穴が開いていない時代があったそうです。色も形も100円玉と似ていたため、穴を開けることになったとか。
穴の開いた硬貨は、世界的に見て珍しく、外国の硬貨ではフィンランドやフィリピンに例があります。

100円

100円玉の柄は「鳳凰」から「稲穂」、さらに「桜」へと変わっています。ほかの硬貨のようなエピソードが少ないのも特徴です。

500円

500円玉は偽造硬貨を造らせないために、さまざまな工夫が施されています。側面に斜めギザが入っていたり、「500」の数字の中に2方向の潜像加工がされたり、マイクロ文字で「NIPPON」のアルファベットが隠されています。

硬貨と同様に紙幣にもエピソードがあります。紙幣に描かれている人物や隠し文字について調べたりするのも楽しいですよ。

お金の3つの役割を知ろう

お金には3つの大切な機能があります。普段、当たり前のように使っているお金ですが、それぞれの機能を意識したことはありますか？

①交換機能：物やサービスと交換できる
②貯蔵機能：いつまでも保存できて、必要なときに使える
③価値尺度機能：品物やサービスの値段や価値を示せる

● **交換機能**

お金は自分の欲しい物やサービスと交換することができます。

● **保存機能**

お金は腐らないので、将来使いたいときまで保存しておくことができます。そして、お金を安全に保存してくれる場所が銀行です。

● **価値尺度機能**

お金には、物の価値を測るものさしの役割があります。

たとえば、1枚2,000円のステーキ肉と1個200円のリンゴでは、リンゴよりステーキ肉のほうに価値があります。もし、ステーキ肉1枚をリンゴと交換してもらう場合は、リンゴ10個が必要になります。このように高いか安いかを測ることができる機能のことを価値尺度機能といいます。

第2章 お金の基本が身につくトレーニング

Work お金はまとめられる。まとめると持ち運びやすい

はじめに、透明の袋の中に、1万円分の硬貨を入れたものを用意します。

質問：この袋の中のお金はいくらあると思いますか？

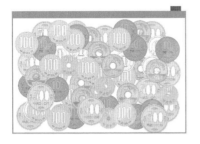

硬貨の種類や重さを実感できるので、1万円がおススメです。

答えは1万円です！

　たくさんの硬貨は紙幣に替えることで、持ち運びやすくなります。もし、3,000円の買い物をするときに100円玉30枚で支払ったら、レジでどのようなことが起こるでしょうか？　数え間違いをして、お店か自分のどちらかが損をするかもしれませんし、会計に時間がかかって長い列ができるかもしれません。
　また、自分が受け取るお給料などが、すべて硬貨で支払われたらどうでしょう？　重くて持ち運びにくいですし、数えて金額を確認するのにも手間がかかりますよね。そうしたこともあり、法律では20枚以上の硬貨での受け取りを拒否できるようになっています。

　さらに、お金は金額が増えるほど「量」を減らすことができます。種類の異なるお金が等価になる関係を教えるときは、視覚的な説明が効果的なので、模擬紙幣や模擬硬貨を並べます。

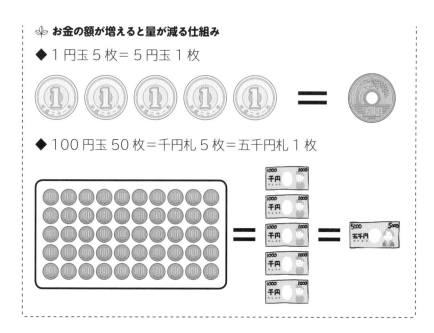

✳ お金はどうやって持ち運べばいい？

　特別支援学校の生徒の中には、汚れたり破れたりした財布を使い続ける生徒、レシートでパンパンに膨らんだ状態にしている生徒がいます。財布の中にいろいろなものを入れていると、支払いのときにうまくお金が出せない場合があります。また、小さく折った千円札を小銭入れにしまっている生徒もいます。レジ前で紙幣を広げるのに時間がかかったり、折り目に挟まった硬貨を落としたりしてしまうこともあります。

　彼らが成人して社会に出るようになったとき、スムーズにお金の支払いができるように、金銭教育の授業では財布にも意識を向けるように促しています。

第2章 お金の基本が身につくトレーニング

財布の種類を知ろう

長財布 	お札を折らずに入れられます。 レシートやカードなど、いろいろなものがたくさん入ります。
二つ折り財布 	財布を2つに折るのでコンパクトに持ち運べます。 財布の形状によっては、財布の外にお札がはみ出して、中身が丸見えになることもあります。
がまぐち・小銭入れ 	小銭を入れる財布です。お札の入った財布とは別に持ち歩けます。 がまぐちは口がガバッと開いて底幅が広いので、自動販売機でジュースを買うときや、ちょっとした買い物をするときに便利です。

お金を使う練習をしよう

　障がいのある子どもがお金を持つと、「落としたりなくしたりしてしまうかもしれない」「誰かに取られてしまうかもしれない」……と不安に思われる親は多いでしょう。その不安から、日常の細かいお金も親が管理していると、いずれ成人して自立した生活をするようになったとき、お金の使い方を知らずに困るのは本人です。

　お金を落としたりなくしたりしても、子どものうちなら何十円、何百円の損害ですみますが、大人になってから起こる金銭トラブルは何十円ではすまないこともあります。障がいがあることを理由に何でも親が管理するのではなく、小さいうちから本人に現金を持たせて、**自分の財布からお金を出して使う練習**をさせましょう。

　この章のはじめに、金銭教育の中でもリクエストが多いのは、「お金の計画」「お金の管理方法」「金銭トラブルの防止」の3つだと紹介しました。親から受ける相談やセミナーの事前アンケートでも「計画的な貯金やお金の使い方をどのように教えればよいのか知りたい」というご意見も頂戴します。

　「お金の計画」を教えるなら、まず、**お金を持たせて使うことから始めます**。お金を使っているうちに、自分が持っているお金では買えないものが欲しくなったり、使う予定ではなかったのに出費したりする場面が出てきます。

　実は、そのときこそ**計画することを教えるチャンス**です。貯金する意味を教え、「貯金はお金が必要なときに助けてくれるもの」という意識につなげます。お金が貯まるまでしばらく「待つ」（我慢する）経験が、計画的に使うことにつながっていきます。

✳ お金の支払い方にはいろいろある

　お金の使い方を学ぶステップでは、主に学童期以上を対象に支払い方に種類があることを教えています。

　何か買い物をしたとき、お金を支払う方法には大きく分けて次の3つがあります。

第2章 お金の基本が身につくトレーニング

- 現金をレジで支払う
- クレジットカードで支払う
- 銀行から振り込む（口座から引き落とす）

　子どもに金銭感覚を身につけさせるなら、まずはレジに並び、現金を支払うことから練習させましょう。現金の支払い方や受け取り方にもマナーがあるので、ひとつひとつ教えなければなりません。たまに相手にお金を投げるように渡す人がいますが、一度身についた習慣はなかなか変えることができません。

　こんな手順で教えてみましょう。

①まず親がお店などで実際にお手本を見せる。
②「次は自分でやってみようね」と本人に促す。
③親が付き添って見守りながら、何度も繰り返してやってみる。

　実際に店頭で練習するのが一番ですが、はじめのうちは行きつけのお店など慣れたところで行うのがよいでしょう。お店の人に上手にお金を渡すことができたら、ほめてあげましょう。

　次のステップに進めそうなら、レシートの役割について教えてみましょう。レシートに書かれている「合計」や「お釣り」を一緒に確認します。受け取ったお釣りとレシートの内容を自分で照合できれば、「今日は、何に、いくら使っ

```
●●●ストア

大阪府大阪市○○ 1-1-1
  TEL  06-0000-0000

担当：○○
2016年7月29日（金）11：30
— — — — — — — — — — —
  ミルクチョコ           ¥101
  グミ　グレープ味        ¥101
  スナック　コンソメ味    ¥122
— — — — — — — — — — —
税込小計　3点             ¥324
合計                     ¥324
うち消費税                 ¥24

お預り                   ¥400
お釣り                    ¥76

責任者：××××
```

たか？」を意識できるようになります。

お金の受け渡しは「確認」がポイント

　福祉施設の中でも、お金のやり取りはあります。ビニール袋に入れて持ってくる人、中身を出して確認せずに茶封筒に入れたまま差し出す人、親が代わりに支払う人など、障がいのある人のお金の支払い方はさまざま。中でも、親から持たされた封筒の中身や金額を確認しないまま、渡したり受け取ったりすることは常態化しています。

　お金のやり取りはトラブルを生じやすいものです。渡す側も受け取る側も、「確認する」ことを忘れないようにしましょう。

お金の"見える化"で計画性を身につけよう

お金を計画的に使えるようになるために、計算が苦手な子どもでも楽しく取り組めるツールを紹介します。

❋ お小遣いを"見える化"する「お金カレンダー」

　毎日の生活の中で、「お菓子買って」や「お小遣いが足りないからちょうだい」といった会話はよくあることでしょう。でも、そのたびに親の判断で「買ってあげる・あげない」「追加のお金をあげる・あげない」ということを決めていませんか？

　親が子どもの代わりに「買う・買わない」「あげる・あげない」を判断すれば、子ども自身が判断するよりも間違いは少なくなることでしょう。また、子どもがどんなことにお金を使って、何に興味があるのかもわかるので、親としては安心です。

　でも、それは本当に"子どものため"でしょうか？

　親の願いは、子どもが自分で考えてお金を使い、さらにはお金を稼いで、社会とつながりを持ってくれることだと思います。もしもそうなら、これから紹介する「お金カレンダー」を使ったトレーニングが効果的です。

　お金カレンダーは、**お金を"見える化"したトレーニングツール**で、布製の壁掛けカレンダーに、硬貨を入れるためのポケットが付いています（174ページ参照）。カレンダータイプのウォールポケットはいろいろと市販されていますが、著者が金銭管理教育で使用しているこのお金カレンダーは、月や日付の数字が入れ替え可能で自由に使えるのが特徴です。このツールを使うことで、計算が苦手な子どもや障がいがある人の「計画する力」と「管理する力」、そして、買う・買わな

いを「判断する力」を、楽しみながら伸ばすことができます。

❧ お金カレンダー

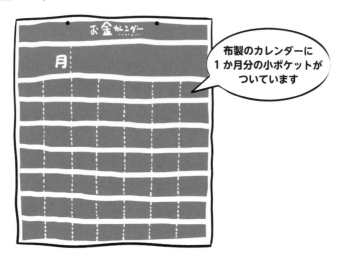

布製のカレンダーに
1か月分の小ポケットが
ついています

✻ お金カレンダーを作る

①必要なものを準備する

- お金カレンダー（カレンダー型ウォールポケット）
- はさみ
- 市販のカレンダー1か月分
  （余ったものや、使い終わったものでOK）

②カレンダーを曜日、日付別に切り離す

　お金カレンダーは、ポケットに曜日や日付を入れて使います。家に余ったカレンダーがあれば、それを切り取って使うと簡単です。日付だけでなく、「1月」～「12月」の月や「月」～「日」の曜日の部分も切り取っておきましょう。

第2章 お金の基本が身につくトレーニング

手書きの場合は、「1」〜「31」の日付カード、「月」〜「日」の曜日カード、「1月」〜「12月」の月カードを作成します。

③「月」「曜日」「日付」のカードを入れる

左上のポケットに「月」、その下の段に「曜日」のカードを入れます。あとは、その月が何曜日から始まるのかを確認して「1」から順に「日付」のカードをポケットに入れたら、お金カレンダーの完成です。

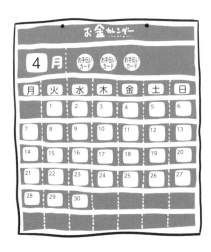

> 月が変わるたびに、曜日に合わせて日付を入れ替えましょう。毎月行ううちに、1か月の始まりの違いもわかり、数字や曜日の感覚も身につきます。

❋ お小遣いはルールと金額をセットで決めよう

　お金カレンダーが完成すると、子どもは目を輝かせて使うのを待っていることでしょう。準備ができたら、お金を渡すその前に、「お小遣いのルール」を決めることから始めましょう。
　子どものお小遣い金額を決める親は多いのですが、「そのお小遣いで何を買うか」というルールを決めていないことが、実は多いのです。
　たとえば「お菓子を買う」というときも、「家族みんなで食べるお菓子なのか、子どもが自分ひとりで食べるお菓子なのか」によって、お金の出所は、家計からか子どものお小遣いからか異なるはずです。
　そこで、「どこまでは親がお金を出す買い物で、どこからは子どもが自分のお小遣いで買うものなのか」を親子で最初に決めておきます。と言っても、あまり難しく考える必要はありません。「みんなで食べるお菓子はお母さんが買うけど、自分が食べたいお菓子はお小遣いで買うんだよ」と話す程度で十分です。最初が肝心ですから、ちゃんとルールを決めておきましょう。
　また、あなたのご家庭では、お小遣いの金額をどうやって決めていますか？　ファイナンシャル・プランナーとしては、「○年生の平均は△百円らしいから、うちも同じに……」という決め方はおススメできません。たとえば、「塾に行くときのジュース代はその都度あげるから、月のお小遣いは 500 円」という家庭と、「お小遣いは 1,000 円。そのかわり、塾で飲むジュース代もこの中から払うんだよ」という場合では、当然、お小遣いの金額が変わりますよね。だからこそ、子どもとお小遣いのルールを決めた上で金額を決めることが大切なのです。

　そして、お小遣いのルールと金額が決まったら、子どもと次の２つの約束をしてください。

① お小遣いは子どもが自由に使っていいお金です。
② 足りなくなっても、追加はありません。

　お小遣いを渡す目的は、子どもが自分で考え（計画する力）、お金を使うことができるようになり（管理する力）、それにより満足感や達成感を得て、自主性（判断する力）を育てることです。
　もしかしたら、子どもは同じようなものばかり買ったり、必要のないものを買ったりするかもしれませんが、親から見て、どんなにもったいないお金の使い方をしていても、口出しはご法度です。渡したお小遣いは、子ども自身のお金なのですから。みなさんも、自分のお小遣いは自由に使いたいですよね。子どもの力を信じて、自由に使わせましょう。

✲ お小遣いは硬貨で渡す

　いよいよ、子どもにお小遣いを渡すときがきました。お金カレンダーは、1日から始まりますので、月初めを「お小遣いの日」にすると、スムーズに取り組めます。そして、お小遣いを渡すときは、**10円や50円などできるだけ小さな硬貨で渡します**。
　たとえば、お小遣いが500円の場合、500円玉1枚で渡すと親は楽ですが、子どもはそのお金を使いたい日に振り分けることができません。
　そこで、子どもがお金を振り分けやすいように、5円玉や10円玉など、できるだけ小さな単位の硬貨で渡してください。お小遣いの前の日には、ちゃんと硬貨の準備をしておくことを、親は忘れないようにしましょう。

✳ お金カレンダーを使おう

①親は、5円玉、10円玉、50円玉、100円玉を使って、1か月のお小遣いを子どもに渡す。
②「1か月のうち、いつお金を使うのか」という予定を子ども自身が考えて、硬貨をポケットに振り分ける。
③使う予定の日に、子どもがカレンダーのポケットから自分のお財布にお金を移し替えて使う。
④1か月が終わったら、どんなことにお金を使ったのか、そのときに感じたことなどを、親子で一緒に話し合う。

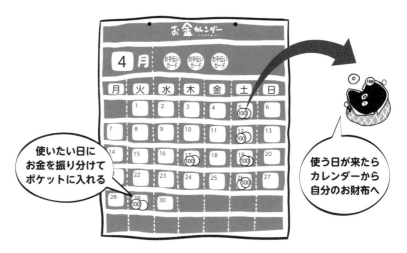

子どもが買ったものを写真で残しておくと、1か月の振り返りがしやすいですよ。

第2章 お金の基本が身につくトレーニング

✲ お小遣いが足りなくなったら？

「お小遣いが足りなくなった」「誰かにプレゼントを買いたいけれどお金が足りない」などの不足が発生したときは、子どもに**家庭内アルバイトのチャンス**をあげましょう。家族内で決めたお手伝い以外に、特別なお手伝いをしたときに使うのが「**お手伝いカード**」です。あらかじめ「お風呂掃除が〇円」というようにアルバイト料を決めておき、子どもがお手伝いをして、その結果を親が確認してからアルバイト代を渡します。

🍃 **お手伝いカード**

お手伝いカードは、折り紙などに「お手伝いカード」と書いたものや決まったマークのカードを用意して、お金カレンダー上段の横長ポケットに入れておきます。子どもは、特別なお手伝いをする日に横長ポケットからカードを取り出し、「〇日に草むしりをする」などと予定を書いて、予定日のポケットにカードを入れておきます。

特別なお手伝いをするかしないかは、子どもの自主性に任せましょう。「予定した日にできなかったけど、その次の日にやる」などとカードの位置を入れ替えるのも OK です。

また、月末に親子で振り返りをするときには、お手伝いカードを使うことになった理由についても話し合いましょう。

✺ お金カレンダーの使い方Q＆A

　お金カレンダーを使ってトレーニングしているご家庭から寄せられた質問をご紹介します。

Q お金カレンダーはどこにかけたらいいの？
　A　子どもが毎日見るところにかけましょう。子ども部屋の机や本棚の横、毎日使うカバンのすぐそばなど、目に付くところにかけておくと、スケジュール管理も一緒にできます。

Q お金カレンダーにお金以外のものを入れてもいいですか？
　A　スケジュール帳代わりにすることもできます。塾や習い事、友達と遊ぶ約束や家族のおでかけの予定など、子どもが管理しやすいように自由に楽しく使いましょう。

❧ 今月の予定（お小遣い1,000円）

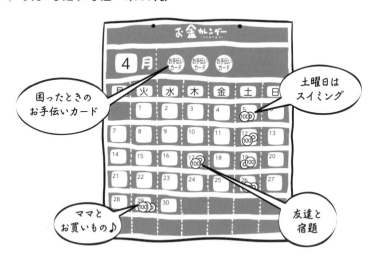

Q お金はどうやって渡したらいいの？
　A　硬貨をそのまま渡してもよいのですが、せっかくなら、イベン

第2章 お金の基本が身につくトレーニング

ト要素を持たせてはいかがでしょうか。毎月同じ封筒で給料袋のように渡し、子どもが受け取ったら自分のハンコを押すようにすると、楽しく続けることができます。子どもの興味関心に沿って工夫してみてください。

Q お金の振り分けがスムーズにできずに、何度もやり直しをしています。いい方法はありませんか？

A　お金カレンダーのポケットにお金を入れる前に、予行練習をしましょう。お金カレンダーをテーブルの上に置き、その上にお金を載せながら計画すると、悩みながらでもスムーズに予算の振り分けができますよ。89ページの「カレンダーシート」を利用してもいいでしょう。

Q お小遣いをすぐに使い切ってしまうのですが……。

A　自分のお金があることが嬉しくて、使ってしまう子どもは少なくありません。親としては気になるかもしれませんが、決められたお小遣いの範囲の中で使っているのなら、お金カレンダーのルールは守れています。良い点に注目してほめてあげましょう。ただし、あまりにも自由に使ってしまって計画性がないと思われる場合は、渡す金額が多すぎる可能性があります。そのときは、お小遣いの金額とルールが適正かどうかを検討するチャンスです。

Q お小遣いが足りなくなると、泣いたり、怒ったりしています。

A　最初にお小遣いの金額を決めたにもかかわらず、子どもの計画どおりに進まない場合もあるでしょう。でも、それはすべて子どもの責任です。「お金は使ったらなくなること」や「上手に使わないと、後で自分が泣いたり、悔しい思いをしたりすることになる」という貴重な経験を積み重ねることができます。金額が小さいからこそいい訓練だと頭を切り替えてください。ただし、あまりにも度重

なるときは、「お小遣いを使って何を買って、どう思ったのか？」と、子どもの気持ちを聞きながら、お金の使い方を振り返りましょう。また、お小遣いの金額が適正かどうかを再判断してください。

Q 貯めるばかりで使おうとしません。

A 今までお金をもらっていなかったぶん、「使ったら減る！」ということで貯めることに集中してしまう子どももいます。その場合は、自分のお金があることに満足するまで待つとともに、お金を貯めて何に使いたいのかを親子で考える機会にしましょう。お金を貯めることはよいことだと思いがちですが、親の目的は、「貯め上手になること」ではなく、「上手にお金が"使える"ようになること」だったはず。初心を忘れないでくださいね。

最初のうちは楽しそうにお金を振り分けていても、お金カレンダーに慣れてくると、1日単位でお金を振り分けることを面倒がったり、硬貨だけでは収まらなくなったりして、お金カレンダーへの意欲が下がることがあります。親は「ちゃんとしなさい！」と言いそうになりますが、実はそんなときこそ、次のステージに進むタイミング。お金カレンダーの次は、もっと多い金額を管理できる「マネポケ」に進みましょう。

子どもは、親が思っている以上に「自分でやる力」を持っているもの。子どもの力を信じて、任せてみてくださいね。

第2章 お金の基本が身につくトレーニング

ステップアップ

✳ 週単位でお金を管理できる「マネポケ」

　「マネポケ」もお金カレンダーと同じく、お金を"見える化"したマネートレーニングツールです（174ページ参照）。お金カレンダーと同じ壁掛けタイプのツールですが、**1か月の予算を1週間単位で、お札と硬貨の両方を使って管理**できます。

　お金カレンダーからマネポケに移行する場合は、カレンダーを見ながら「1週目」「2週目」……と週ごとに予算をまとめて、マネポケのポケットに入れましょう。その週になったら、1週間分をお財布に移して使います。1週間を終えてお金が余っていたときは、次の週に持ち越すのではなく、右下の「ごほうびポケット」に入れておきます。

　お札用の大きなポケットの手前には小ポケットがあるので、硬貨やお金を使う予定などを書いたメモを入れることができます。

　また、マネポケは親の家計管理にも使えます（123ページ参照）。

🌱 マネポケ

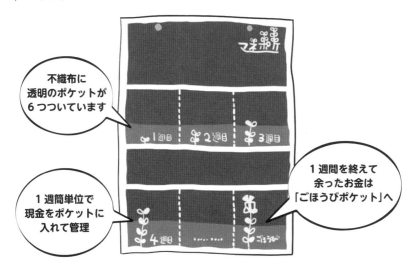

お金を貯める練習をしよう!

お金は使うために貯めるものです。貯金の目的をはっきりさせて、貯まったら楽しく使い、達成感と満足感を得ましょう。

❋ お金を貯める目的を明確にする

「もっとたくさんお金があればいいなぁ」と、思ったことがある人は多いはず。それなのに、その希望が実現できていない人も多いのは、なぜでしょうか。

夢を実現するためには、**「いつ」「何に」「いくら」必要かという3つのポイントを明確にすること**が必要です。

たとえば、「旅行したいなぁ」と思っていても、それだけでは実現しません。先日私（前野）のところにいらっしゃった相談者の例をお話ししましょう。

2人の男の子を育てる佳奈さんは、「いつか家族でディズニーランドに行けたらいいなぁ」という漠然とした希望をお持ちでした。しかし、家族でディズニーランドが楽しめるのは、お子さんたちがせいぜい小学生の間でしょう。そこに気づいた佳奈さんの「いつか」やりたいことは、「来年から3年以内」と期限が決まりました。

そこで、ひとまず「来年」という目安を立てて、さらに詳しく「いつごろか」ということを確認しました。すると、「お盆休みに、オフィシャルホテルに泊まりたい」という希望が出てきたので、関西出発の2泊3日のツアーの値段を検索してみました。すると……そのお値段40万円超え！　これには佳奈さんも目がテンです。でも、具体的な金額がわかると、実現するための方法を考え始めました。「40万円はさすがにもったいないし、夏休みは人も多いだろうから、土日の前後

に1日有給休暇を取って2泊3日で行くほうが安いかなぁ」という案や、「でも、予定どおりに仕事を休めないかもしれないし、子どもたちが小さい時期しか一緒に旅行もできないから、家族の思い出のためなら、一度くらい頑張ってもいいかも。お金は後で取り戻せるけど、時間はムリだし……」という案も出ます。

このように、「いつ」「何に」「いくら」ということが明確であればあるほど、具体的な方法や貯蓄意欲が湧くのです。

これは、子どもたちが管理するお金も同じです。

目的なく「貯金しなさい」では、お金を貯める楽しさも、使う喜びも体験できません。そこで、子どもと一緒に1年間のカレンダーを見ながら、お金を使うイベントや欲しいものをリストアップし、実現するためにはいくらのお金が必要なのかを考えてみませんか?

その際は、次の「3つのS」でお金の使い方を考えてみてください。

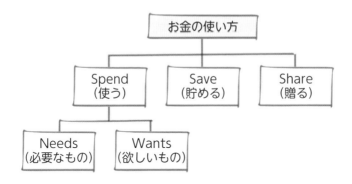

● Spend(スペンド)=使う

自分のために使うお金です。Spendはさらに、必要なものNeeds(ニーズ)と、欲しいものWants(ウォンツ)の2つのグループに分かれます。

● Save（セーブ）＝貯める

貯蓄や投資のことです。Spend（使う）のためにお金を貯める、未来の自分のためにお金を貯めるなどの行動のことです。

● Share（シェア）＝贈る

「分ける」や「貢献する」という意味から、誰かのために使うお金を指します。プレゼントを贈る、寄付をするなどの使い道があります。

ステップアップ

フセンを使って、子どもに「欲しいもの」を書かせてみましょう。出てきたものをグループに分けることで、子どもの興味を確認できます。書くことが難しいときは、チラシの写真を切り抜いたり、絵カードを使いましょう。

Work 「欲しいもの」はどんなもの？

①フセンに子どもが「欲しいもの」を書き出す。または、絵カードを並べる。
②①で書き出したものが、「3つのS」のうち、「使う」「貯める」「贈る」のどれにあてはまるのかを考えて分ける。
③「使う」に分けたものを、さらに「必要なもの」「欲しいもの」に分ける。
④グループ分けの結果をもとに、親子で気づいたことを話し合う。

第2章 お金の基本が身につくトレーニング

🌿 「いつ」「何に」「いくら」を考える

 項目がたくさんある場合は、目的を絞って「貯める」「使う」を練習しましょう。

✳︎「貯まったら使う」を実践！

お金を使う目的がはっきりしたら、「貯蓄ノート」を作りましょう。やり方は簡単です。

Work お金を貯めたら「使う」満足を！

①ノートを1冊用意する。
②1ページにつき1項目、「いつ」「何に」「いくら」必要なのか目標を書く。
③目標額を積立期間で割って、毎月の積立金額を出す。
④余白部分に欲しいものの写真を貼ったり、イラストを描いたりして、目標金額が貯まって欲しいものを手に入れたところをイメージする。

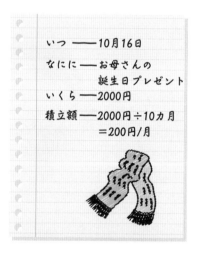

金額が大きいものや、誰かへのプレゼントのためにお金を貯めることがトレーニングになります。

第2章 お金の基本が身につくトレーニング

✼ 自分の通帳を作ってみよう

　お金が貯まるようになったら、「使わないお金は、銀行に預ける」という練習をしましょう。大事なのは、**手元のお金がなくなるわけではない**ことをちゃんと説明することです。

　銀行に預けると、今までは自分のお財布や貯金箱という身近な場所に現金であったお金が、目に見えず、触ることもできないところに行ってしまいます。手元になくても自分の通帳で確認できるということが納得できないと、必要以上にお金にこだわってしまう可能性があります。安心して通帳に貯められるような体験をさせましょう。

①子どもの印鑑を作る

　まずは、子ども本人の印鑑を作ります。100円ショップなどで自分の名前を一緒に探してもいいですし、ずっと使う印鑑ならお気に入りのものを一緒に選ぶのもいいですね。また、最近では、イラストが入った遊び心のある印鑑もあります。子どもの関心度を見ながら、まずは印鑑を準備しましょう。

②金融機関に行って通帳を作る

　夏休みなどの平日を利用して、親子で銀行や郵便局などに行きましょう。その際、子どもが預けるお金を持って行き、その場で渡した現金が通帳に印字される経験をしてもらうことが大切です。銀行がすいていたら、行員の方に事情を伝えて、何度か繰り返し入金の手続きをして、子ども自身が確認できるようにするといいでしょう。

　また、硬貨が使えるATMなら、少額から入金して通帳に記入し、自分の口座の金額が増えていることを確認できます。

　なお、金融機関や時間帯によっては、待ち時間が長くなることもあります。子どもが長時間待つことが難しい場合は、先に親が通帳だけ作っておき、入金のところから子どもと一緒に行うのも方法の1つで

す。最初が肝心なので、楽しい体験として残るようにしたいですね。

③**通帳と印鑑は子どもに管理させる**

通帳の中に自分のお金が貯まっていることがわかれば、子どもは「自分のお金」と自覚し、通帳や印鑑を大事にするようになります。大事なものを子ども自身に管理させることも、重要なマネートレーニングです。

ステップアップ

「貯める」ことは、ATMから通帳だけでできますが、ATMからお金を引き出すにはキャッシュカードが必要です。目標金額が達成できたときに、キャッシュカードの使い方と管理の仕方について教えてみましょう。

ステップアップ

お金を貯める目的には、1年以上かかるような長期的なものと短期的なものがあります。特に長期的なものは、自動積み立て貯金を使いましょう。

ただし、いろんな目的のお金をまとめて貯めていると、「○○を買ったら、せっかく貯めたお金が減っちゃった」と感じてしまいます。最初から「△△用の通帳」と「○○用の通帳」に分けておけば、「○○のためのお金が貯まったからやっと買える！」という気持ちになれます。

お金が貯まったときの達成感と満足感を味わいつつ、次に欲しいもののために、自動積み立て貯金をするのがおススメです。

通帳の表紙や中に使う目的を書いておくと、意欲が増しますよ。

第3章

日常生活に役立つトレーニング

1 お金を賢く使うトレーニング

就労してお給料をもらうようになると、より実践的な知識が必要になります。特別支援学校で行ったゲームをご紹介しましょう。

　支援学校の金銭教育でリクエストが多いのが、お金の計画や管理の仕方、金銭トラブル防止の授業であることは、すでに書きました。
　障がいのある子どもが就労して、大きなお金を扱うようになったときのための準備でもありますし、親元を離れてグループホームでの生活や一人暮らしをするときに、賢い消費者になるための学習でもあります。
　子どもが管理できるお小遣い（お金）を「持つ」「使う」トレーニングを各家庭で行いながら、学校の授業などで管理や計画について教えることが、金銭管理能力の向上につながります。
　ここでは、特別支援学校で行ったプログラムを紹介しながら、憧れの給料をもらったときに、子ども自身が計画・管理できる方法を説明します。

❋ 計画と管理能力を育てる「ミッションゲーム」

　「ミッションゲーム」は、映画『ミッション：インポッシブル』を連想させるシナリオで、ボスからの指令を実行することでお金の管理に必要なポイントを知るというワークです。給料をもらったグループが、お金に関する6つの指令をボスから受け、銀行員に扮した先生に指定された金額を支払う流れで展開します。「ミッション」の雰囲気を出すために、授業では制限時間を設けて行いましたが（全体の所要時間60分）、子どもたちのペースで進めても問題はありません。

第3章 日常生活に役立つトレーニング

❦ ミッションゲームの目的

- 6つのミッションをこなしながら、生活費の費目を知り、収入と支出の関係を理解する。
- 貯金の目的や必要性について学ぶ。

お金を使うプロセスや意思決定を学ぶ機会になり、親元で暮らしていて「生活費」になじみのない生徒にとっては、家計費の費目を知るための導入として効果があります。

❦ ミッションゲームで用意するもの

- 給料袋（封筒の表に「給料」と書いたものでOK）
- 模擬紙幣（一万円札10枚、五千円札2枚、千円札5枚）
- 給料明細（給料14万円でなるべくリアルに作成、次頁を参照）
- 通帳（厚紙を2つ折りにして作成）
- 生活計画表（次頁を参照）
- 電卓
- ミッション用のフリップ（3種類作成、各ミッションを参照）
- 破産カード（カードに「破産」と書いたものでOK）

🌿 給料明細

> 項目には
> ふり仮名を入れて

給料明細　2016年7月分

	基本給(きほんきゅう)	役職手当(やくしょくてあて)	資格手当(しかくてあて)	住宅手当(じゅうたくてあて)	家族手当(かぞくてあて)	残業手当(ざんぎょうてあて)	通勤手当(つうきんてあて)	総支給額(そうしきゅうがく)合計(ごうけい)
支給	140,000							140,000

	健康保険(けんこうほけん)	介護保険(かいごほけん)	厚生年金(こうせいねんきん)	雇用保険(こようほけん)	社会(しゃかい)保険料(ほけんりょう)合計(ごうけい)	所得税(しょとくぜい)	住民税(じゅうみんぜい)	控除額合計(こうじょがくごうけい)
控除	7,000		12,500	500	20,000	1,500	3,500	25,000

								差引支給額(さしひきしきゅうがく)
合計								115,000

🌿 生活計画表

> 「給料」と
> 「ミッション1」の
> 金額は
> あらかじめ記入

生活計画表

チーム名：＿＿＿＿＿＿＿＿＿＿

給　　料		140,000	円
ミッション1	税金と社会保険料	25,000	円
ミッション2	貯金		円
ミッション3	食費　　A・B		円
ミッション4	携帯電話　A・B・C		円
ミッション5	お小遣い		円
秘密のミッション			円
給料からすべてのミッションを引いた残金			円
貯金＋残金（最後に発表する金額）			円

それではゲームを始めましょう。

第3章 日常生活に役立つトレーニング

●導入 5分（タイム　00：05）

　生徒を1チーム3〜4人に分けます。電卓と「生活計画表」を配布し、ゲームのルールを説明します。

> - これは6つのミッションをこなし、お金をうまく使えるか体験するゲームです。
> - 勝ち負けを競うゲームではありません。
> - チーム名と記録係の人を決めてください。記録係の人は、「生活計画表」に金額を書き込む仕事をします。
> - 先生は、各チームに配属される銀行員役と、進行役のボスに役割分担します。

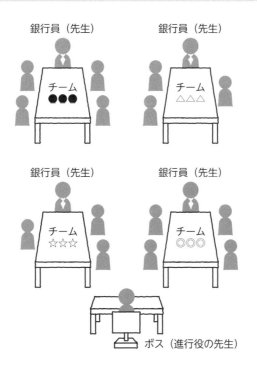

● 給料を支給 5分（タイム　00：10）
　銀行員に扮した先生が各自のチームに給料袋を渡します。このとき、「**14万円のお給料を配ります！**」と額面金額を強調しておきましょう。

● ミッション1：社会保険料と税金を徴収 5分（タイム　00：15）
　給料袋を開けると、14万円ではなく11万5,000円が入っています。このことをまず、生徒に確認させましょう。給料明細を見るように指示し、「**社会保険料**」と「**税金**」**が天引き**されていることを伝え、額面と実際にもらえるお金は違うことを教えるのです。

アルバイト経験のある生徒が、時給を計算したものと、実際にもらった額が違うことに気づき、「騙された！」とまくしたてたことがありました。給料から天引きされるお金があることを、あらかじめ知っていたら、納得できたと思います。

● ミッション2：貯金を徴収 5分（タイム　00：20）
　各チームの銀行員（先生）がチームの通帳を管理します。チームで

第3章 日常生活に役立つトレーニング

貯金額を決め、先生は生徒からお金を受け取り、通帳にお金を挟みながら預かったことをアピールします。また、記録係の生徒は、「生活計画表」の「貯金」の欄に貯金額を記入します。

● **ミッション3：食費を徴収 5分（タイム　00：25）**

　ボス（進行役）が食費のタイプをフリップで示し、チームで話し合って選んでもらいます。どのタイプを選ぶかで金額は変わりますが、ここでは具体的な金額はまだ教えません。

　何派か決まったら先生が金額を発表し、それぞれ決められた金額を徴収します。記録係の生徒は、「生活計画表」の「食費」のAかBのどちらかに○をつけ、金額を記入します。

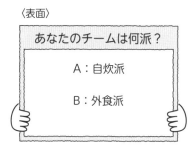
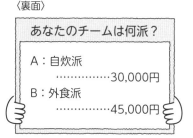

勘のよい生徒は、自炊なら節約でき、外食すれば食費が高くなることが感覚的にわかります。このミッションをやると、多くのチームが自炊を選択します。
せっかくの機会なので、食費を安く抑えることがよいのではなく、自炊によって栄養をバランスよく摂ることの大切さを教えましょう。学校の調理実習や家でのお手伝いの機会を増やすことも自炊能力のアップにつながります。自分でお米を研いで炊飯器のスイッチを入れてご飯を炊けるようになるなど、自立に向けて、実生活で自炊できる力を育みたいですね。

●ミッション4：携帯電話使用料を徴収 5分（タイム　00：30）

　ボス（進行役）がチームで携帯電話の使用タイプをフリップで示し、チームで話し合って選びます。何タイプかが決まったら金額が書かれた面を見せて、指定された金額を徴収します。記録係の生徒は、「生活計画表」の「携帯電話」のA・B・Cのどれかに○をつけ、金額を記入します。

●ミッション5：お小遣いを徴収 5分（タイム　00：35）

　各チームでお小遣いの金額を決めます。ただし、「お小遣い0円」というのはNGです。一人暮らしを想定しているので、お小遣いの金額は1人分とします。金額が決まったら、これも銀行員（先生）に徴収されます。記録係の生徒は、「生活計画表」の「お小遣い」の欄に金額を記入します。

●ミッション6：家賃と水道・光熱費を徴収 5分（タイム　00：40）

　ボス（進行役）が、フリップで家賃と水道・光熱費の金額（4万円）を発表し、銀行員（先生）が徴収します。

　手持ちのお金で家賃の支払いができないチームは、最初に預けた貯金を取り崩して支払います。それでも支払えないチームは、「破産カード」を渡され、ゲームオーバーとなります。

　記録係の生徒は、「生活計画表」の「秘密のミッション」の欄に「40,000円」を記入します。

第3章 日常生活に役立つトレーニング

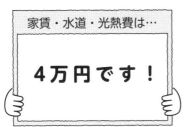

家賃や水道・光熱費は、生徒にとってはあまりなじみのない費目かもしれません。でも、電気やガス、水道を毎日使っているはず。ミッションで徴収されることで、いつもは意識していないお金を、親が支払ってくれていることに気づきます。
また、水道・光熱費は学校や公共施設、町のいたるところで発生し、誰かがそのお金を支払っています。宿泊しているホテルの部屋や新幹線、カフェなど、電源を使用できる施設も多いですが、使用してよい場所とダメな場所があることも教えておく必要があります。使用の可否がわからない場合は、必ず所有者に確認するのがマナーということも教えましょう。

● **ミッション完了・結果発表 5分（タイム　00：45）**

　ミッションはこれで終了です。各チームの貯金の残高を報告させましょう。同じ給料をもらっても、使い方が変われば残高が違うことに気づいてもらいます。

　記録係の生徒は、「生活計画表」の「貯金＋残金（最後に発表する金額）」に残高を記入します。

　このゲームで大切なことは、貯金をしておけば現金が足りなくなっても困らない、ということに気づくこと。実は、ミッション6の金額は、どのチームもお金が足りず貯金を引き出すように設定しています。ここで、**①緊急の事態に備える、②けがや病気などで働けなくなったときに備える、③本当に欲しいものを買うために貯める**、というように**貯金をする理由を教える**ことが目的です。

● **フィードバック 10分（タイム 00：55）**

　最後の10分間で、各チームに振り返りをしてもらいましょう。「破産カード」をもらうことになったチームには、どこを見直せばいいのかアドバイスします。そして、「これはゲームだから本当の破産ではない」ときちんと伝え、あらためて貯金の大切さを話します。

　最後に、チームごとの感想を発表してもらいます。支払い方やお小遣いの金額を決める際に何か工夫したチームがあれば評価してあげましょう。

● **ゲーム終了 5分（タイム 00：60）**

　生徒が支援学校を卒業し、就労して給料を得るようになってからの生活は、このゲームのようにボスが次々と的確な指示を与えてくれるわけではありません。給料をもらってから行動を決めるのではなく、事前に生活費を振り分けて使用可能な金額を知る方法を学ぶことが大切です。ミッションゲームは、計画や管理をするための導入のワークです。このワークをきっかけに、貯金の必要性を教え、計画や管理する力を深めるための継続した学習を行いましょう。

「袋分け」を覚えてお金を計画的に使おう

家計管理の基本ともいえる「袋分け」は、生活費をわかりやすく"見える化"できるので、障がいのある人にも有効な方法です。

✲ 生活費が"見える化"できる「袋分け」のワーク

次にご紹介するのは「袋分け」のワーク。すでにミッションゲームを実施した生徒にとっては、復習を兼ねて行えます。ミッションゲームは指示された金額をやり取りし、貯金が生活費の不足を助けてくれることを体験するゲームでしたが、「袋分け」ワークは、**給料をもらった時点で費目別の袋に分ける作業を行い、生活費が足りなくなる事態を未然に防ぐ**ことが目的です。

生徒は、1か月の生活費を費目別に袋分けします。給料を自分で袋分けすることで、「貯金を……」「食費を……」とその都度指示されなくても生活費を管理できることに気づいてもらうのです。この方法を覚えておくと、将来自立して生活するときに必ず役立ちます。

また、このワークは生徒だけでなく、成人した人にもおススメです。特に、すでに就労している当事者にとっては、給料と生活費の関係が理解しやすくなります。

「袋分け」ワークの目的

- 生活費の費目を知り、収入と支出の関係を理解する。
- 先に袋分けしておくことで、不透明なお金の流れが"見える化"され、生活費が管理しやすくなることを体験する。
- 先取り貯蓄の習慣で、しっかり貯めて、使いすぎを防止する。

「袋分け」ワークで用意するもの

- 生活計画表（次頁を参照）
- 費目の参考資料
- 模擬紙幣（一万円札 16 枚、千円札 5 枚）
- 給料袋（封筒の表に「給料」と書いたもので OK）
- ジッパー式のポリ袋（紙幣を折らずに入れられるサイズ）
- カレンダーシート（89 ページを参照）
- 両替用の模擬紙幣（五千円札 4 枚、千円札 10 枚）

①「一人暮らし」の生活費を考える

　このワークは、チームでも単独でも行えます。まずは、一人暮らしをしたときに必要な 1 か月の生活費を考えさせましょう。ミッションゲームでの経験をふまえ、食費、家賃、電気代、ガス代、水道代、医療費、交通費、通信費……考えられる費目を「生活計画表」に書いてもらいます。また、生活計画表の支出項目の 1 番目には、あらかじめ「貯金」と記載しておきます。

　費目を記入させたら、次に費目にかかる金額を入れます。それぞれのチームが考えた金額を記入してもかまいませんが、費目別に参考資料を作成しておいてその中から選んでもらってもよいでしょう。ただし、先に参考資料を配布すると、資料を丸写ししてしまうチームがあるので、費目を書き終えたチームから資料を配布します。チームで考えたときに気づかなかった費目があれば「費目の参考資料」を見ながら追加してもらいましょう。

> 成年者がこのワークをする場合は、ミッションゲームに登場した費目だけでは足りない可能性があります。生活費の費目を本人たちに考えてもらって追加すると、給料の使い方がよりリアルになるでしょう。

第3章 日常生活に役立つトレーニング

🌿 生活計画表

記入前 ➡ 記入後

生活計画表		
チーム名：		
給料・障害基礎年金	165,000	円
貯金		円
		円
		円
		円
		円
		円
		円
		円
		円
支出合計		円

生活計画表		
チーム名：●●●●●●●		
給料・障害基礎年金	165,000	円
貯金	21,000	円
家賃　ワンルーム	40,000	円
水道・光熱費	10,000	円
食費（自炊しない）	45,000	円
携帯電話代	10,000	円
美容院	4,000	円
お小遣い	10,000	円
ネット回線	5,000	円
		円
		円
支出合計	145,000	円

🌿 費目の参考資料

（月額）

家賃　アパート　ワンルーム　マンション	30,000 円～50,000 円
電気代　ガス代　水道代　｝水道・光熱費	8,000 円～15,000 円
食費（自炊する）　　　（自炊しない）	30,000 円　45,000 円
携帯電話・スマホ代	10,000 円
ネット回線費用	4,000 円

習い事	5,000 円
服代	8,000 円
交通費	2,000 円～5,000 円
医療費	5,000 円
娯楽費／散髪代	13,000 円
雑費／日用品購入費	2,000 円
ペットのエサ代	15,000 円

②**現金を分けてポリ袋に入れる**

　費目と金額の記入ができたら、模擬紙幣16万5,000円分を入れた給料袋と、袋分け用のポリ袋（代表的な費目を書いたもの）を配布します。給料袋からお金を出して、生活計画表の費目に袋分けしてもらいます。

　理美容費や娯楽費など毎月発生するわけではない費用は、「その他」の袋に入れます。

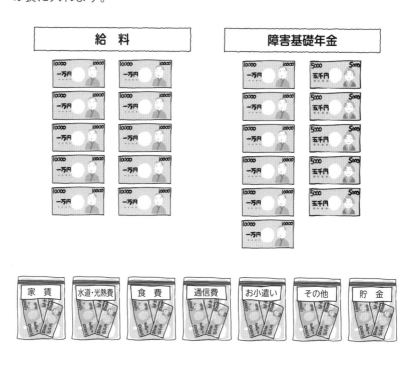

第3章 日常生活に役立つトレーニング

③「カレンダーシート」の併用で計画力をアップ

　生活費を事前に袋分けするこのワークは、費目ごとに使用可能な上限金額を可視化しやすくなります。ですが、実際の生活場面では注意点があります。家賃や水道・光熱費など、一度に支払える費目は問題ありませんが、お小遣いや食費など1か月を通して少しずつ支払う費目は、月初めに使いすぎると月末までにお金がなくなってしまうという問題です。

　そこで、1か月の生活費を袋分けした後に、お小遣いのスケジュール管理をする方法としてカレンダーシートを用います。袋分けした「お小遣い」をさらに日々に分散することで、計画する力がより向上します。

　本人にはまず「使いたい日」と「使わなくてよい日」を設定してもらいます。袋分けしたお小遣いを紙幣から硬貨に両替して、1か月の予定に合わせて、シートの上にお金を配置。紙幣ではなく硬貨を使うのは、細かく計画できるようにするためです。

🍁 **カレンダーシート**

1	100	50	10	17	100	50	10
2	100	50	10	18	100	50	10
3	100	50	10	19	100	50	10
4	100	50	10	20	100	50	10
5	100	50	10	21	100	50	10
6	100	50	10	22	100	50	10
7	100	50	10	23	100	50	10
8	100	50	10	24	100	50	10
9	100	50	10	25	100	50	10
10	100	50	10	26	100	50	10
11	100	50	10	27	100	50	10
12	100	50	10	28	100	50	10
13	100	50	10	29	100	50	10
14	100	50	10	30	100	50	10
15	100	50	10	31	100	50	10
16	100	50	10				

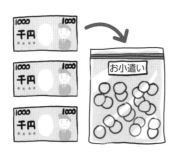

実生活では、紙幣だけで渡しがちですが、せっかく計画を立ててもお釣りの小銭や残った紙幣で先の見通しを立てることになり、難しくなります。

④計画の仕方は人それぞれ

カレンダーシートに硬貨を並べたものを見せてもらうと、チームごとにさまざまなタイプがあることがわかります。毎日お金を使いたいと考えるチーム、土日にたくさん使いたいチームなど、生徒のライフスタイルを垣間見ることができます。

🌿 毎日使いたいチームの例

1	100	50	17	100	10
2	100	50	18	100	10
3	100	50	19	100	10
4	100	50	20	100	10
5	100	50	21	100	10
6	100	50	22	100	10
7	100	50	23	100	10
8	100	50	24	100	10
9	100	50	25	100	10
10	100	50	26	100	10
11	100	50	27	100	10
12	100	50	28	100	10
13	100	50	29	100	10
14	100	50	30	100	10
15	100	50	31	100	10
16	100	50			

🌿 土日に集中して使いたいチームの例

1	100 100 100	10	17	100	50	10
2	100	50	10	18	100	50	10
3	100	50	10	19	100	50	10
4	100	50	10	20	100	50	10
5	100	50	10	21	100 100 100	10
6	100	50	10	22	100 100 100	10
7	100 100 100	10	23	100	50	10
8	100 100 100	10	24	100	50	10
9	100	50	10	25	100	50	10
10	100	50	10	26	100	50	10
11	100	50	10	27	100	50	10
12	100	50	10	28	100 100 100	10
13	100	50	10	29	100 100 100	10
14	100 100 100	10	30	100	50	10
15	100 100 100	10	31	100	50	10
16	100	50	10				

第3章 日常生活に役立つトレーニング

本人たちが「お金を使う日」と決めた場所に硬貨を配置し終えると、「おお、すごい！ 計画できた！」「これだったら1か月やっていけそう」といった反応がありました。

「袋分け」で奇数月を上手に乗り切る

ゆかりさん（23歳／療育手帳B2）

スーパーで働く彼女は、高齢のご両親と一緒に生活。お金の支払いなどの家計管理を任されています。お小遣いは毎月3万円、毎日の食費は1日2,000円と決めて生活しています。障害基礎年金の入金がない奇数月の予算管理について相談されました。

ゆかりさんの収入は、給料と障害基礎年金の合計。障害基礎年金は偶数月に2か月分入金されます。そのため、偶数月の収入は約25万円ですが、奇数月は給料の12万円だけとなります。

本来は2か月分の障害基礎年金を奇数月にも繰り越す必要がありますが、どうしても奇数月の予算が足りなくなってしまいます。ゆかりさんによると、「なぜ、奇数月に足りなくなるのかわからない。上手に繰り越す方法を教えてほしい」とのこと。

そこで、彼女には2か月分のレシートを集めてもらい、1年分の引き落とし金額を平均して、偶数月、奇数月それぞれの収支をまとめてみました。すると、収入が多い偶数月はマッサージやカラオケへ頻繁に行ったり、仕事帰りに毎日コーヒーショップに立ち寄ってケーキセットを食べていたり……と、お小遣い以外にもたくさんお金を使っていることがわかりました。

また、カラオケに誘われると断ることができず、お金が足りないときは友達に借りていました。借りたお金は偶数月に返済するので、奇数月に繰り越すお金はさらに少なくなっているというわけです。

ゆかりさんの偶数月と奇数月の収支

内　訳	偶数月	奇数月
給　料	12万円	12万円
偶数月に障害基礎年金	13.2万円	0円
奇数月へ繰越し		3.9万円
1か月の収入合計	25.2万円	15.9万円
家賃は父が負担	0円	0円
食　費（1日2,000円）	6.2万円	6.2万円
水道・光熱費	1.5万円	1.5万円
通信費	1.6万円	1.6万円
日用品	0.5万円	0.5万円
お小遣い	3万円	3万円
医療費・機関相談費用	4.5万円	4.5万円
偶数月の使途不明金	4万円	
1か月の支出合計	21.3万円	17.3万円
残　金	3.9万円	-1.4万円

　偶数月も奇数月もやりくりできる収支表を作り、それぞれの費目を袋分け。彼女も「これなら奇数月もやっていけそうだし、貯金もできる！」とさっそく取り組んでくれました。

奇数月に不足しないための偶数月の内訳

食費	水道・光熱費 通信費	日用品	お小遣い	医療・相談	奇数月への繰越金	貯金
2,000円×31日 6.2万円	3.1万円	0.5万円	3.3万円	4.5万円	6.6万円	1万円

　そして2か月後には、彼女は初めてお金を繰り越すことができ、さらに貯金も2万円できていました。以前は毎日のように食べていたケーキセットもコーヒーだけに抑え、「体重も減ってダイエットもできました！」との報告も。
　半年後になると、「最近、貯金通帳を見るのが楽しみなんです！」「5万円も貯まりました！」と嬉しそうに通帳を見せてくれました。

第3章 日常生活に役立つトレーニング

　それから2年後、冷蔵庫と洗濯機が突然壊れたので貯金を下ろして買い替えたいという相談を受けました。その時点では20万円以上の貯金があり、不測の事態にも無事に対応。貯金のありがたさを、しみじみと実感されていました。

千円札を並べて浪費をストップ！

マキさん（20歳／療育手帳B2）
　工場で組み立ての仕事を担当し、グループホームで生活しています。計算や読み書きなどの学習が苦手で、お小遣いを持つと持っただけ使ってしまうため、1日1,000円ずつ渡されています。ですが、ご本人はまとまったお金を管理したいと思っており、現状に不満を感じていました。

　マキさんは、定期代などのまとまったお金をもらうと別の用途に使ってしまいます。美容院や洋服代などの臨時出金が多く、毎月使うお小遣いは7万円以上。そんな彼女ですが、「5年以内に、交際中の彼氏と結婚式を挙げたい」という目標を持っています。それまでに100万円以上を貯めたいので、お金の勉強をしたいという相談でした。
　マキさんはグループホームを運営する施設に金銭管理をしてもらっているため、生活費の入出金などを自身で行う必要はありません。まずは、自分のお小遣いを上手に使う方法を学んでもらう必要があります。
　1か月のお小遣いの額は、世話人から受け取る毎日の1,000円（月約3万円）と臨時出金が約4～6万円でしたが、本人にはそんなに使っている自覚がないようなので、世話人から受け取る1か月分のお金をすべて千円札でテーブルに並べてみました。そして、臨時出金で使っているお金も千円札で並べると……テーブル1つでは足りないほどたくさんの量になったのです。

🌿 マキさんの1か月の収支

内　訳	金　額
給　料	12.7万円
障害基礎年金	6.6万円
収入合計	19.3万円
グループホームの家賃	4万円
食　費	3.5万円
光熱費・共用費	1万円
携帯電話	1.5万円
お小遣い	3万円
臨時出金	4万円〜6万円
支出合計	17.1万円〜19.1万円
残　金	2.2万円〜0.2万円

＊1年間の貯金は21万円

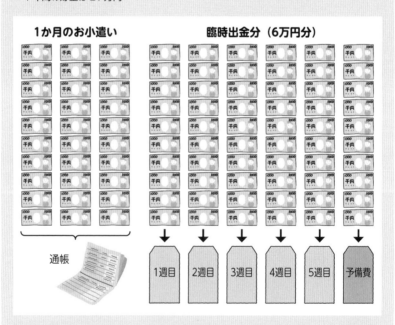

千円札の量の多さに、マキさんは「めっちゃ使っていてビックリ！」と驚きながらも、「1週間に千円札が10枚もあるならやりくりできそ

第3章 日常生活に役立つトレーニング

う」と言ってくれたので、さっそく実行。1万円×5週分と予備費の1万円でやりくりし、毎月3万円以上の貯金ができるようになりました。1年後には予定よりも多く貯金でき、「自分の力でお金を貯めることができて嬉しい！」と話していたマキさん。このワークを始めて3年後にご結婚されました。

✻ お金の量を目にすると携帯電話の使用料が減る

　少し前までは、親から受ける相談内容の上位は「携帯電話の使用料が高額になる」でした。最近は、どこにかけても何分以内は無料というプランや、同じ電話会社同士なら無料など、通話料は低額化。また、定額制の浸透で、以前はよくあったインターネット接続のパケット料などの高額請求に悩まされることも減ってきたようです。

　それでも、携帯電話のトラブルは依然として多いのが現状です。定額料金にしているはずなのに、高額な請求をされるケースも少なくありません。

> 高額請求につながるケースは……
> - ゲームの課金
> - 有料アプリ
> - 月額制の音楽配信サイト　など

　以前、当事者を対象にしたワークで、「ゲームの課金で5万円も請求された」と自慢げに話している人がいました。

　そこで、袋分けのワークを行う際に、「携帯電話の使用料は、貯金とお小遣いのどちらから支払いますか？」と質問したところ、携帯電話の使用料が「貯金」となる予定だったお金から引き落とされていることに初めて気づいたようです。さらに、5万円という金額を千円札50枚で見せられて、あまりの量の多さに驚いていました。

> **Work** 携帯電話の料金は、「貯金」と「お小遣い」のどちらから支払いますか？

　ゲームの課金や有料アプリのダウンロードにお金を使ってしまう当事者には、「使用料が高くなるから気をつけて！」と注意します。それでも、口座引き落としだと支払いの実感が薄いため、なかなか使用を制限する気持ちにつながりません。

　そのような場合は、携帯電話代を制限するのではなく、**携帯電話の使用料を自分のお小遣いから支払ってもらう**ようにします。使いすぎればそのぶんお小遣いが減りますが、ゲームのやり方を工夫して課金されないようにすればお小遣いをキープできます。この方法で、自分が高額な使用料を払っていることに気づいて、無料アプリの利用に変えた人もいます。

　有料のアプリは50円、100円と一見安く感じますが、請求金額を本物のお金で見せると、自分が使っている量が一目瞭然。子どもの携帯電話の使い方を改善したいと考えている人は、ぜひ実行してみてください。

> 各通信会社では、身体障害者手帳、療育手帳、精神障害者保健福祉手帳などを交付されている人を対象に、携帯電話の基本料金や通話料が割引になるサービスを設けています。
> 　NTTドコモ：ハーティ割引
> 　au：スマイルハート割引
> 　ソフトバンクモバイル：ハートフレンド割引

お金のトラブルを防ぐ教育

トラブルが怖いからといって、本人の経済活動を制限すれば自立につながりません。金銭トラブルとその対策を教えましょう。

　お金は上手に使えば快適な生活をもたらしてくれますが、使い方をひとつ間違えると生活が不安定になり、人間関係のトラブルにも発展します。そして、知的障がいのある人は、その危険度が高まります。

　障がいのある子が自分自身を守れるように、さまざまな金銭トラブルや悪徳商法など消費者トラブルの手口と、その対策について学んでもらう必要があります。

　具体的な事例とともに、お金のトラブルとその対処法について紹介します。

❊ お金の貸し借りによるトラブル

　特別支援学校などでは、生徒同士のお金の貸し借りは原則禁止です。それは、お金を借りたことを忘れてしまって返さない人がいたり、借りた金額の記憶があいまいになったりして、次のようなトラブルに発展する可能性があるからです。

- 「あげた」から「取られた」に言い回しが変わる
- 「借りたけど、後で返すつもりだった」と主張する
- 「おごってくれるよな！」と、恐喝のような行為をする

● 「おごってあげたけど、返してほしい」

　ある日、A君が「B君にお金を貸したけど、返してくれないんです！」と先生に相談に来ました。先生がB君にお金を借りたのか聞いてみたところ、「A君は『おごってあげる』と言ったから、返さなくてもいいと思っていた」との答え。両者の言い分が食い違っています。

　話を突き詰めていくと、A君は「おごってあげる」と言ったことを認めました。しかし、**「おごる」が自分のお金で人に御馳走するという意味であることを、よく理解しないまま使っていた**そうです。一度はB君に「おごってあげる」と言ったものの、後でやっぱりお金を返してほしい気持ちになったそうです。

● 「カラオケ代はない、バス代は貸してあげた」

　C子さんとM男さんが、グループでカラオケに行きました。その帰り、M男さんが「バス代が足りない」と言うので、C子さんはM男さんのバス代120円を出してあげました。

　後日、C子さんは「M男さんが、お金を返してくれない！」といろんな人に言い回り、トラブルが発生。支援者が両者に話を聞くと、M男さんの言い分はこうでした。

　「C子さんにバス代を借りたのは、C子さんのお金が足りずにカラオケ代が出せなくて、自分がC子さんのぶんまで払ったからです」

　それにより、M男さんの帰りのバス代がなくなったので、C子さんがM男さんのバス代を出したのです。

　一緒に行った他のメンバーに確認すると、どうやらM男さんの言い分が正しいようです。

　結果的に、カラオケ代の精算をやり直し、M男さんが立て替えたC子さんのカラオケ代を返金してもらいました。その上で、M男さんが借りたバス代120円をC子さんに返しました。

　先生や支援者が介入すると、貸したほうも借りたほうも「怒られる

第3章 日常生活に役立つトレーニング

のでは？」と感じてしまい、事実とは違う報告をすることがあります。お金の貸し借りについては、**貸し借りする行為が悪いのではなく、借りたものを返さないという行為に問題がある**ことをしっかり伝える必要があります。社会に出れば、「借りたものを返さないでいるとペナルティがある」と伝えた上で、お金の貸し借りはしないほうがよいと学ばせましょう。

ご参考までに、金銭トラブルの授業で話している内容を紹介します。

貸したお金が返ってこないと、相手はどんな気持ちになるでしょう？	・返してもらえるのか不安になる ・次は貸したくなくなる ・人として信用できなくなる ・友達をやめたくなる
社会に出てから、借りたお金（物）を返さないようなことをするとどうなるでしょう？	・利息が付く ・督促される ・社会的な信用がなくなる ・財産を差し押さえられる

友達同士なら少々遅れても「ありがとう」と言って返せばすむかもしれませんが、一般社会で借りたものを返さずに放置していると、何度も督促され、家族にも職場にも迷惑がかかることを教えています。

詐欺、架空請求によるトラブル

```
2016/07/08  20:38
件名：使用料金のお知らせ

携帯コミュニティサイト管理センター <xxxx@xxxxxx.co.jp>
To: xxxx@xxxxxx.ne.jp

顧客担当、西田と申します。このたびサイト運営者より依頼を受け、
ご連絡申し上げました。お客様がご使用の携帯端末より以前ご登録
いただいたサイトの無料期間中に退会処理がされていないため、登
録料が発生し、長期延滞となっております。
・・・・・・・・・・・・・・（中略）・・・・・・・・・・・・・・
誤ってのご登録、退会処理、和解をご希望の方は至急ご連絡下さい。
03－XXXX－XXXX
```

　知的障がいのある当事者への金銭教育の場で、「このようなメールが送られてきたら、どうしますか？」と質問すると、多くの人は「無視する！」「受信拒否する！」と答えてくれます。

　とはいえ、最近は詐欺の手口がますます巧妙になり、芸能人になりすましたり、異性と思わせ恋愛関係を匂わせたり、「プレゼントに当選した」と送ってきたりして、個人情報を引き出そうとします。当事者の中には、送られてきたメールの内容を信じて詐欺業者に連絡したり、お金を払ってしまった人もいます。

　そのようなことが起きないように、詐欺の手口と対策をしっかり教えていきましょう。

第3章　日常生活に役立つトレーニング

詐欺の手口

ワンクリック詐欺	サイトを閲覧中にうっかりクリックすると、「ご入会ありがとうございます」と契約したかのように思わせる画面が現れ、料金を支払わせようとする詐欺です。
フィッシング詐欺	本物のサイトのような見た目の偽サイトを作り、本物と誤認した人のIDやパスワードを盗み取る詐欺です。たとえば金融機関のホームページそっくりの偽サイトを作って、暗証番号を入力させようとします。
なりすましメール	芸能人やアイドル歌手などになりすまして、出会い系サイトに誘導します。他にも、警察署を騙って「あなたの口座が悪用されている」とメールを送ってきたり、銀行のふりをして「至急、暗証番号の変更をしてください」と連絡して、個人情報を盗み取ろうとします。
ネットオークション詐欺	ネットオークションで商品を落札し、お金を振り込んだのに、商品が届かなかったり、偽物が送られるといった詐欺です。
オンラインゲームの課金詐欺	「登録したら、ゲームの課金アイテム5,000円分をプレゼント！」などの謳い文句で個人情報を盗んだり、出会い系サイトに誘導します。
恋愛商法 （デート商法）	知らない異性からメールが送られてきて、デートに誘われます。恋愛感情を利用して、高額な契約をさせたり商品を買わせたりします。

　こうした詐欺被害を防ぐために、次のようなアドバイスをしてください。

- 知らない人から送られてきたメールに返事をしてはいけません。写真がついている場合、写っている人物が本当の相手ではない可能性があります。
- 「あなた様」や「加入者様」などと、あなたの個人名を特定していない請求は、架空請求かもしれません。すぐに相手の業者に連絡したり、お金を支払ったりしないでください。
- 身に覚えのない請求書が送られてきたら、友達ではなく、まずは親

や学校の先生（支援者）に相談してください。友達に相談した結果、間違った選択をしてしまうケースが多いのです。
- 「詐欺かな？」と不安になったときに相談できる「消費者センター」があります。「188」の番号にかけて相談してみましょう。

消費者ホットライン：188（局番なし）

「親に怒られるんじゃないか」と思って相談せず不安を抱えている人もいます。

✳ LINEのつながりすぎでトラブルに！

　詐欺ではありませんが、近ごろはこんなトラブルも増えています。
　LINE（ライン）は、仲間同士でメッセージのやり取りや無料通話ができる人気のコミュニケーションアプリですが、電話番号を登録すると自動的につながってしまう「自動追加機能」があります。
　この機能により、それほど親しくない相手とつながってしまい、しつこくメッセージを送られて困ったり、「○○とつながってるの？　あなたもウザいわ！」などといじめにあった、という人がいます。
　また、第三者に友人の電話番号を勝手に教えてしまい、トラブルになった人や、知らない相手と100人以上つながったことを自慢する人もいました。自分のLINEのIDを知らない人に教えたり、掲示板で公開するのは危険です。「友だち自動追加オフ」の設定をしましょう。

第3章 日常生活に役立つトレーニング

✻ 借金のトラブル

Example クレジットカードを使いすぎて、消費者金融に借金

ゆりさん（25歳／療育手帳B2）

　軽度知的障がいのあるゆりさんは、父親と同居。スーパーに就職し、社員カードをもらいました。社員カードにはクレジット機能がついており、商品を購入すると社員割引額で口座から引き落とされる仕組みです。はじめは使い方がよくわからず、タイムカードとしてのみ使用していましたが、他の社員がカードで買い物する様子を見て、ゆりさんも試しに商品をカードで購入。慣れると使いすぎるようになり、気づけば「買い物依存症」のような状態になっていました。

　給料だけでは足りなくなると消費者金融にお金を借り、頻繁にかかってくる督促の電話で会社に迷惑をかけることになりました。

　クレジットカードは、支払い時に現金を持っていなくても商品が買えてしまいます。だから、はじめはゆりさんも慎重に使っていました。それでも、次第に必要のないものまでカードで購入するようになっていたのです。

　結局、彼女は上司と話し合い、社員カードからクレジット機能を外してもらうことにしました。

　その後、「日常生活支援事業」のサービスを申し込み、日常的な金銭管理や、通帳・印鑑の保管などを制度に助けてもらい、生活支援員の援助を受けながら生活を送っています。

✳ ギャンブル・酒・浪費によるトラブル

　ギャンブルや酒、喫煙などの嗜好は本来、自己判断で楽しむものです。しかし、知的障がいによりコントロールが難しくなり、嗜好のレベルで留められない場合があります。

　パチンコなどのギャンブルは、**することを禁止するのではなく、使ってもよい範囲のお金を明確に**しましょう。負けたとしても、この範囲なら納得できるという金額です。そして、パチンコ以外の余暇活動の場を増やしていく支援も大切です。

　以前は仕事をまじめにしていた人がアルコール依存症になり、スナックで暴れて警察沙汰になることを繰り返し、会社を辞めざるを得なくなった……というケースもありました。その人は、アルコール依存のサークルにも参加していたようですが、一人暮らしの孤独感が依存を加速させたようです。福祉のサービスを受け、就職活動の支援を一緒に行い、一人暮らしからグループホームに移ったことで、生活を立て直した人もいます。

　浪費傾向の人の中には、**収入と支出のバランスが理解できていない**という特徴があります。どこまで使ってよいのかわからず、使っていてもなんとなく生活できてしまうことから浪費が続く場合もあります。また、浪費している人に「将来の夢や実現したいこと」を聞くと、「特にない」と回答する人がほとんどです。

　収支のバランスが理解できていない人には、**袋分けのワーク**をしたり、**キャッシュフロー表を作って貯金の推移を確認**させたりすると、使いすぎに気づいてくれる場合もあります。また、小さなことでよいので目標を設定してもらい、そのために「貯金しましょう」と誰かが寄り添うことで浪費が収まる人もいます。

✳ クーリングオフ

「**クーリングオフ**」とは、契約をしてしまっても、一定期間内であれば書面により申込みの撤回や契約の解除ができる制度です。

以前、キャッチセールスに引っかかってしまい、140万円の絵画を購入した人がいました。ちょっと頭を冷やして考えてもらうと、「やっぱり140万円もする絵なんて、いらなかった！」と後悔し始めたので、クーリングオフの手続きをし、契約はなかったことになりました。

消費者の味方をしてくれる制度ですが、この件をきっかけに、金銭教育の授業でクーリングオフについて話をしたら、「購入したものすべてに、この制度を利用できる」と勘違いしてしまった人もいたので要注意です。クーリングオフできるものと、できないものがあることもしっかり伝え、高価なものを買う前には計画と相談することの大切さを学ばせてください。

🍃 クーリングオフできる期間

訪問販売	キャッチセールス、パソコン教室、語学教室、家庭教師、アポイントメントセールス、エステティックサロン	8日間
電話勧誘販売	アンケート、健康食品、インターネット接続契約、その他強引な電話勧誘	
マルチ商法	健康食品、サプリメント、医療機器	20日間
業務提供誘引販売	内職、モニター商法	

🍃 クーリングオフできないケース

- 通信販売、インターネット通販で注文した商品やネットオークションで落札した商品（通信販売会社が独自に返品期間を設けている場合を除く）
- 消費者が自分の意思で**店舗を訪問**して契約した場合
- 訪問販売であっても化粧品、健康食品など、一部**使用**したもの

🌱 クーリングオフの仕方

- **契約書を受け取った日を含めて**クーリングオフできる期間内に、必ず**書面**で契約した販売会社に通知する
- ハガキでクーリングオフをするときは、**「特定記録郵便」**か**「簡易書留」**で送る
- 確実にクーリングオフしたいなら、**内容証明郵便**が効果的

[相手の業者の会社名] ○○株式会社
[代表者氏名] 代表取締役 ○○○○ 殿

契約解除通知

私は貴社との間で下記の契約をしましたが、契約を解除いたします。

記

一、 契約日 平成 年 月 日
二、 商品名
三、 契約金額 ○○万円

　つきましては、支払い済みの○○万円を○○銀行△△支店普通口座××××の[自分の名前]あてに早急に返金してください。
　また、すでに受け取っている商品は早急にお引き取りください。

以上

平成 年 月 日

　　　　　[契約者（自分）の住所]
　　　　　[契約者（自分）の氏名]　　印

4 障がい者の学校卒業後の進路

学校を卒業した後、どのような進路があるのかを紹介します。親が亡くなった後の暮らしぶりもイメージしやすくなるでしょう。

　障がいの有無に関係なく、多くの親にとって「子どもの進路」は大きな悩み事、心配事の1つです。障がいのある子が学校を卒業した後には、どのような人生の選択肢があるのでしょうか。

　文部科学省の「特別支援学校高等部（本科）卒業後の状況―国・公・私立計―（平成24年3月卒業者）」によると、知的障がいのある人の進路として、職業能力開発校が1.8％、就職者が28.4％です。就労移行や就労継続支援A型、就労継続支援B型も合わせると、特別支援学校の卒業者の約半数は何らかの形態で働いていると考えられます。

学校卒業後の進路のイメージ

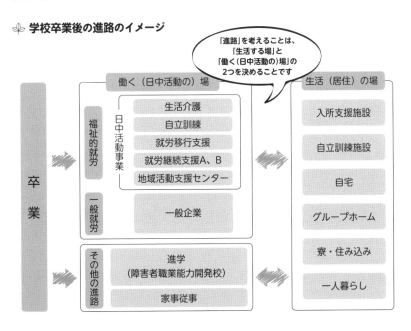

「進路」を考えることは、「生活する場」と「働く（日中活動の）場」の2つを決めることです

特別支援学校高等部(本科)卒業後の状況(国・公・私立計)

区分		視覚障害	聴覚障害	知的障害	肢体不自由	病弱・身体虚弱	計
卒業者 A		330	529	13,541	2,785	522	17,707
進学者	大学等	33	100	2	40	31	206
	専攻科等	71	120	70	2	2	265
	計 B	104	220	72	42	33	471
	B/A (%)	31.5%	41.6%	0.5%	1.5%	6.3%	2.7%
教育訓練機関等	専修学校	3	9	11	18	28	69
	各種学校	—	2	4	4	2	12
	職業能力開発校	9	28	233	77	17	364
	計 C	12	39	248	99	47	445
	C/A (%)	3.6%	7.4%	1.8%	3.6%	9.0%	2.5%
就職者	D	36	173	3,842	293	76	4,420
	D/A (%)	10.9%	32.7%	28.4%	10.5%	14.6%	25.0%
社会福祉施設等入所・通所者	E	143	73	9,029	2,238	318	11,801
	E/A (%)	43.3%	13.8%	66.7%	80.4%	60.9%	66.6%
その他	F	35	24	350	113	48	570
	F/A (%)	10.6%	4.5%	2.6%	4.1%	9.2%	3.2%

出典:文部科学省

※社会福祉施設等入所・通所者…児童福祉施設、障害者支援施設等、更生施設、授産施設、医療機関
※就職しながら進学した者、入学した者は、進学者及び教育訓練機関等入学者のいずれかに計上している。
※四捨五入のため、各区分の比率の計は必ずしも100%にならない。
※単位の記載のない数字はすべて「人」。

「就労移行支援」「就労継続支援A型」「就労継続支援B型」「職業能力開発校」など、いずれの支援でも工賃や訓練手当が支給されます。

就労を目指す人へのサポートとは？

　子どもの進路に関する悩みをうかがっていると、「就職と言っても、うちの子は重度なので、今すぐ働くことは困難だと思います……」という話がよく出てきます。このように言われる親から、子どもの様子を具体的に聞いてみると、コミュニケーションも取れるし、パソコンも使えます。親の言う「重度」は、障がいの程度が重いという意味ではなく、「社会生活を営んでいくには力不足」という意味が含まれているようです。

　今すぐに就職しなくても、働く力を少しずつ伸ばしていくための支援はたくさんあります。働き方や就労への支援体制について、簡単にまとめてみたいと思います。

● 卒業後に一般就労

　一般就労を目標とする人は、時間をかけてトレーニングを行い、経験を積みながら就労を目指します。在学中に職業トレーニングを積み、企業実習などを経験した上で、仕事をこなしていく見込みがあれば就職できます。

● ハローワーク

　ハローワーク（公共職業安定所）には、専門援助部門があり、そこで職業相談をしながら、障がい者求人やその人の適正に応じた仕事を斡旋してくれます。

> **障害者職業能力開発校・職業リハビリセンター**
> 障がいのある人の自立に必要な職業訓練や職業指導などを体系的に提供する機関。一般就労が見込める力はあるけれど、もう少しトレーニングを積みたいという人は、ハローワークから申し込みます。選考試験を行って、合格した人が利用できます。

● **福祉サービス**

　福祉資源を使いながら、自立するための援助や就労に関する支援を受けることができます。以下のサービスを受けるには、行政が発行する**「受給者証」**が必要です。市町村の障がい福祉課や相談事業所で、障がい福祉サービスの支給申請の手続きを行います。

自立訓練（生活訓練）
自立した日常生活または社会生活ができるよう、一定期間、身体機能や生活能力の向上のために必要な訓練を行うサービス。洗濯や掃除の仕方、仕事をするときの準備（服装や持ち物）など、プログラムに沿ってトレーニングを行います。掃除の技術は、どこに就職しても役立つスキルです。(利用期間2年)
宿泊型自立訓練事業
居室に泊まって、起床から就寝までの規則正しい生活リズムを身につけるサービス。掃除、洗濯、食事、服薬管理、金銭管理などの生活技術を向上させるトレーニングを行います。(利用期間約2年)
就労移行支援（福祉サービス）
一般企業への就職を目指す障がいのある人に対して、就労に必要な知識や能力の向上を目的としたトレーニングや実習、適性に合った職場探しなどを行います。(利用期間2年)
就労継続支援A型（雇用型）
一般企業に雇用されることが困難な障がいのある人が、雇用契約を結んで「労働者」として働きながら、知識や能力を向上させる訓練をして、一般就労を目指すサービス。雇用契約を結ぶので、お給料をもらいながら利用することができます。(利用期間の定めはありません)
就労継続支援B型（非雇用型）
一般就労での雇用が困難で、A型のように雇用契約を結んで仕事をすることも不安な人に対して、生産活動の場を提供します。雇用契約を結ばず、通所して授産的な活動をし、給料ではなく作業工賃をもらいます。(利用期間の定めはありません)

平成26年度　月額作業工賃（賃金）	
就労継続支援A型事業所	66,412円
就労継続支援B型事業所	14,838円

出典：厚生労働省「平成26年度工賃（賃金）の実績について」

第4章

親もお金と上手に つきあおう

お金の不安は どこから来るの?

本章は「親の家計」がテーマです。「子どもの将来に備えてとにかく貯蓄」という人が多いのですが、不安の原因は何でしょうか?

　ここまでは子どものお金の話でしたが、ここからは親自身のお金の話です。頭の中を切り替えましょう!
　障がいのある子どもを持つ親の多くは、わが子の将来への不安から、「とにかくお金を残さなきゃ!」という思いが強くなりがちです。気持ちはよくわかりますが、**将来の貯蓄は今の家計の積み重ね。今を整えることが、未来の安心をつくる**のです。
　少々耳が痛い人もいるかもしれませんが、自分自身は家計を把握できていないし、家計簿もつけていないけれど、「子どもにはちゃんとさせなきゃ」と思っている親は、実は多いのです。これを読んでドキッとした人は、この機会に「親の家計」からスッキリさせましょう。

✳ 家計コントロールのカギは「特別支出」

　家計管理は、給料日に合わせて1か月単位で行う人が多いと思います。ただし、1か月間で家計をやりくりしようとすると、「今月は結婚式があったから」「今月は夏休みがあったから」「今月は税金の支払いがあったから」「今月は年払い保険料の支払いがあったから」……と、なんやかんやと赤字が出ても「仕方がない」と思ってしまいがちです。
　その「仕方がない」から脱出するために、「今月は〇〇があったから」という名目で出て行った「特別支出」を書き出してみましょう。昨年のスケジュール帳を見ながら家族で振り返ると、1年間でどんなことにお金を使ったのか、思い出しやすくなりますよ。

第4章 親もお金と上手につきあおう

✳ 特別支出表を作ろう

①数万円単位でお金を使う予定(すでに使ったこと)をリストアップし、その時期と金額を記入した1年間の予定表を作る。
②手帳の買い換えや予定入力のタイミングに合わせて、その月の予定と予算を書き写して、心の準備をする。

🌿 1年間の特別支出の予定表

	イベント	金　額	冠婚葬祭・その他	金　額
1月		円 円		円 円
2月		円 円		円 円
3月		円 円		円 円
4月		円 円		円 円
5月		円 円		円 円

　そんなふうに1年間を振り返って、月ごとに書き出してみると、「今月は夏休みがあったから……」といっても夏休みは毎年7・8月にありますし、「今月は税金の支払いがあったから……」といっても税金は毎年5月の支払いというように、決まった時期に決まった金額の支出が発生していることに気づくはずです。

　それならば、「夏休みや冬休み、ゴールデンウィークのレジャー費は年間で〇万円まで」「税金と保険料の支払いは毎年決まっているから、〇万円を別に準備」というように、あらかじめ予算を分けておくと、気持よくお金を使えるようになります。

❋ 未来の予定を立てよう

　1年間にどんな特別支出があるかがわかったら、さらに時間軸を伸ばしてみます。次のような「ライフイベント表」をノートに書く、あるいはパソコンで作成して、これから数年先の家族の予定を書いてみましょう。その際のコツは、**「できるか？　できないか？」ではなく、「もしも、できるとしたら？」**という視点で「やりたいこと」を書くこと。「お金がないから」とか「時間がないから」といった「できない理由」は無視して、やりたいことを考えましょう。また、家族全員で話し合いながら作成すると、みんなのやりたいことを共有できるので、実現がより早まります。

　ライフイベント表は、長期間を見通すことが重要なので、30年から40年ほどの期間で作ってください。子どもが学校を卒業するとき、親が仕事を辞めるとき、年金をもらい始める65歳など、さまざまな節目における自分たちの生活を、具体的に想像して書きましょう。

❧ ライフイベント表

経過年数	年号	家族の名前					ライフイベント				
							家族＆				
記入例	2016年	42歳	42歳	7歳	4歳		車 300万円	小学校 万円	万円	万円	万円
今年	年	歳	歳	歳	歳		万円	万円	万円	万円	万円
1年後	年	歳	歳	歳	歳		万円	万円	万円	万円	万円
2年後	年	歳	歳	歳	歳		万円	万円	万円	万円	万円

第4章 親もお金と上手につきあおう

貯金計画を立てよう

ライフイベント表ができると、「いつ」「何に」「いくら」必要なのかがはっきりします。この3つの言葉、見覚えがありませんか？ そう、「お金を貯める練習をしよう！」で登場したキーワードです。

子どもの場合は、欲しいものの金額を単純に月数で割りましたが、親の場合は会社員ならボーナスがあることでしょう。毎月の給料だけではなく、ボーナスも組み合わせた貯金計画ができるのが、大人の強みです。

教育費用、住宅の頭金用、レジャー用、車の買い替え用、老後資金用……と、目的に応じて積立口座を分けておくと、目標額が貯まったときの嬉しさも格別です。

教育費は財形貯蓄や学資保険、低解約返戻金型終身保険で積み立て、住宅資金は財形住宅貯蓄や自動積立預金、レジャー費なら旅行券積立や百貨店友の会積立、老後資金なら個人年金保険や確定拠出年金、投資信託の自動積立などの方法があります。

「お金が足りない?!」のはなぜ？

やりたいことを考えて、積立額も計算したのに、いざ貯めようと思ったら、「貯金に回せるお金がありません！」となることも、家計相談ではよくある話です。

そんなときは「あれもこれもと欲張って支出していないか？」と振り返ってみましょう。

たとえば、あなたの家計の「食費」「水道・光熱費」「通信費」がそれぞれ目標額よりも2,000円ずつ高いと仮定しましょう。たった2,000円と思うかもしれませんが、この3つで毎月6,000円の支出が増えます。1年なら7万2,000円、10年で72万円、40年間な

ら288万円です。ほんのちょっとぐらい……と思うそのお金が、将来車1台を買える金額になるのです。

　だからこそ、自分が本当に使いたいことにお金をかけられるように、優先順位が低い項目から見直しましょう。

　ちなみに、「私はこれが大切！」「この支出だけは削りたくない」と、**自分にとって大事な支出がはっきりしている人ほど、家計が改善する金額は大きく、スピードも早い**のです。

❋ 家計の優先順位はどうやって決めるの？

　ここでも、子どもたちのワークと同様にフセンが登場します。「幸せ温度計」ワークをやってみましょう。このワークのポイントは、自分1人だけでなく、夫婦や家族全員でやることです。

　「幸せ温度計」は、あなたの「コレにお金をかけたい！」や「ココは充実させたい！」という気持ちを明確にするワークです。温度が高い支出に希望する金額を使うことができたなら、あなたの幸せ度は上がることでしょう。

　ただし、一緒に暮らしていても、お互いの優先順位や価値観が同じとは限りません。

　たとえば、夫は食べることだけが楽しみで、家は寝られたら十分と思っているのに、妻は家を買うためなら食費を節約して貯金したいと思っていて、外食はNG、カフェもダメ、缶コーヒーすらもったいない……となると、お金よりも先に夫のストレスがたまってしまいますよね。

　大事にしたいものを犠牲にした家計管理は長続きしないので、「幸せ温度計」ワークを通して、ゲーム感覚でお互いの大事にしたい支出を確認しましょう。子どもが参加できる年齢なら、一緒にやってみるといいですよ。

第4章 親もお金と上手につきあおう

Work 「幸せ温度計」をやってみよう！

◆用意するもの
- フセン13枚×人数分
- A4サイズの用紙1枚×人数分

①次の項目をフセンに書きます（夫婦2人なら同じものを2セット作ります）。家庭によって不要な項目は省き、必要な項目は足してください。

〈項目〉住居費、食費、通信費、水道・光熱費、レジャー費、お小遣い、教育費、保険料、車関連費、交通費、日用品、健康医療費、その他

②①のフセンを、お互いの紙が見えない状態で、自分がお金をかけたい順番にA4用紙に並べて貼ります。ポイントは「お金をかけたい順番」や「大事にしたい順番」に並べること。金額の高さや現実的な必要性の順番ではないので、金額等にとらわれないようにしましょう。

③A4用紙に並べ終わったら、お互いに見せ合います。それぞれの感想を伝えながら、家計の改善点を話し合いましょう。

話し合いのポイントは、次のとおりです。

- 上位に同じ項目が集まっている
  ⇒お金をかけたい、または大事にしたい項目が同じなので、家計改善の目標に向けて団結できる可能性が高いでしょう。下位の項目から見直します。
- 上位にばらつきがあるが、下位の項目は似通っている
  ⇒減らしても不満が出ない項目が似ているので、優先順位の低

い項目（下位）から見直しましょう。
- 上位と下位の項目がほぼ正反対
　⇒ 中位のものや近い順位の項目から見直します。自分にとっては下位でも、相手にとっては上位であるような、温度差が大きい項目から見直そうとすると、互いに譲り合うのが難しく、相手を責める言動が出やすいので要注意です。

フセンワークを行うときは、「こんなに違うんだね〜」と、お互いの差異も楽しめるようなゆとりを持ってやってください。

お互いの考え方が"見える"「幸せ温度計」

芳樹さん（46歳／会社員）、ひとみさん（41歳／パート）
　お金の話をするとすぐに夫婦喧嘩になってしまうため、ファイナンシャル・プランナーが同席していれば冷静に話ができるのではないかと思い、ご相談にいらっしゃいました。

　「幸せ温度計」を行ったところ、右図のとおり、芳樹さんが大事にしている車関連費はひとみさんにとっての順位が低く、ひとみさんが手厚くしたい保険料を芳樹さんは下位に置いていることがわかりました。
　「自分が遊ぶことばっかり考えて！」と少しイライラした様子のひとみさんに対して、芳樹さんは「お小遣いの中には昼飯代も入っている。娘（4歳）が小さいときしか一緒に遊べないんだから、塾に行かせるよりも、家族でいろんなことを経験したほうがいいだろう。そのためには、車があったほうが便利じゃないか」との答え。それを聞いたひとみさんは、初めて芳樹さんの考え方に気づき、それ以上芳樹さんのお金の使い方に口を出すことはありませんでした。
　そして、お互いに中位に並べた水道・光熱費や携帯プランの見直し

第4章 親もお金と上手につきあおう

から実行したのです。

また、ひとみさんに保険料が上位にある理由を聞いたところ、「何かあったときに困らないように、子どものためにちゃんと考えてほしい」との答えでした。芳樹さんはその場では黙っていましたが、夫婦ともに娘のことを大事に思っていることが確認できたおかげで、後日、芳樹さんの保険嫌いは直ったそうです。

〈夫〉	〈妻〉
1 お小遣い	1 教育費
2 レジャー費	2 保険料
3 車関連費	3 食費
4 教育費	4 レジャー費
5 住居費	5 お小遣い
6 食費	6 住居費
7 通信費	7 日用品
8 日用品	8 水道光熱費
9 水道光熱費	9 通信費
10 交通費	10 交通費
11 健康医療費	11 健康医療費
12 保険料	12 車関連費
13 その他	13 その他

今回のご夫婦のように目指していることは同じでも、方法論が違うと、すれ違うこともあります。夫婦でやってみてくださいね。

楽して続ける家計管理のコツ

家計簿に挫折して、家計管理にストレスを感じる人は少なくありません。自分に合った楽な方法を見つけましょう。

❋ 家計簿をつけなくても家計管理はできる

　どの項目を大切にして、どの項目を節約するかが決まったら、いよいよ家計の見直しです。

　最近は、家計簿をつける人が少なく、何を隠そう、著者２人はファイナンシャル・プランナーでお金のプロですが、家計簿をつけていません。それは、**家計簿なしでも家計管理できる方法**があるからです。

　家計簿をつける目的は、自分が使いたいことにお金を使えているかどうかを確認したり、より希望どおりにお金を使えるように家計を振り返ることです。

　毎日、記入するのが楽しいという人は、ぜひそのまま続けてください。でも、「つけているだけで意味があるのかな？」、「今月も、ちゃんと家計簿をつけられなかった」、「家計簿をつけるのが面倒くさい」と、挫折感や罪悪感をおぼえている人のために、家計簿がなくても家計の把握ができる方法をご紹介します。

❋ 記録は機械（アプリ）に任せよう！

　数字が苦手で電卓をたたくのもよく間違える、頑張ろうと思ったけどレシートの山を見ると嫌になる……というのは、よくある話。手書きでも、パソコンでも、スマートフォンでも、数字や費目を入力して

第4章 親もお金と上手につきあおう

計算するといった作業は手間がかかり、面倒くささを感じる人は少なくありません。それならば、苦手なことは、これらの作業が得意な「機械」に任せてしまうことだってできるんです。

　私(前野)は現在、アプリで家計管理をしています。おススメアプリの1つが「マネーフォワード」。このアプリの魅力は「放置」できることです。

　普段使っている銀行や証券会社、クレジットカードに携帯電話会社などを登録すると、ログインするたびに自動で各社の情報を読み込んでくれます。そのため、複数の銀行口座を持っていても、マネーフォワードにログインするだけで、総資産や支出の内訳がわかります。

　また、クレジットカードを使った場合、通常なら預金通帳に記載されるのはクレジットカードの引き落とし額のみですが、アプリではカードを使った日や明細も一目でわかるので、ズボラしたい人には最適です。

　さらに、現金の支出も管理したい人には、スマートフォンのカメラでレシートを撮ると、支出一覧に自動で追加してくれる機能も便利です。

　もう1つのおススメアプリは「Zaim」(ザイム)です。こちらもマネーフォワードと同様の機能がありますが、注目は「お金の便利帳」です。これは国や各自治体の給付金を調べられるもので、市区町村を入力するだけで、障がい者に関する給付金が簡単に検索できます。本書の巻末資料では、大阪府の障がい者やその家族へのサポート制度を紹介していますが、Zaim では全国の自治体を調べられます。

　どちらのアプリも無料で利用できますよ(対応／iOS、Android、Windows、Web版)。

❉ マネーフォワードの画面

❉ Zaimの画面

✻ 現金の管理は3つのお財布で！

　クレジットカードや口座引き落としなどの管理ができたら、あとは、お財布の中にある現金の管理です。

第4章 親もお金と上手につきあおう

現金で使うお金は、次の3つのお財布に分けます。

- 夫のお小遣い→夫のお財布に入る現金
- 妻のお小遣い→妻のお財布に入る現金
- 家計のお金→家計管理者が持つお財布に入る現金

お小遣いが決まっていない、あるいは「お小遣いがないんです」と胸を張る（？）ご家庭は、食費や日用品代にお小遣いが紛れ込んでいます。この機会に夫婦それぞれのお小遣いの金額を決めて、家計管理を行いましょう。

たとえば、食品や生活用品などの日々の買い物を妻が行っている場合、妻は自分のお小遣いのお財布と、家計のお財布の2つを持ち、区別して使います。ここでの家計のお金とは、食費や日用品、レジャー費や医療費など、現金で毎月使っている支出のことをいいます。

現在家計簿をつけていなくて、月々に使っているお金の額がわからないという人は、まずは目標予算を立ててみましょう。一度やってみて、目標予算と現実のズレが大きければ、翌月の予算を見直せばいいのです。まずは、**やってみることが大切**ですよ。

✳ マネポケの使い方をマスターしよう

家計のお金が決まったら、いよいよ「マネポケ」の出番です。

①家計のお金を4週間で割り、1週間の予算を決める

まずは、食費や日用品、レジャー費など、1か月の家計として現金で使う予算を決めます。その現金予算を「4」で割って1週間の予算を計算し、1,000円以下の端数は、家計を引き締めたければ切り捨て、切り捨てた予算でやりくりする自信がないときは切り上げます。**完璧**

にやろうとして挫折するよりは、大雑把でも継続することが大切です。

②お札の枚数を決めてから引き出す

1か月の現金予算を、銀行やATMから引き出すときには、コツがあります。一万円札だけで引き出さずに、五千円札や千円札を含めて引き出すと、マネポケに分けるときに便利です。

ATMでの引き出し額を「1万円」でなく、「10千円」とすると、千円札10枚を引き出すことができます（銀行のサービスにより異なります）

③お金を1週間分に分け、それぞれのポケットに入れる

引き出したお札を1週間ごとの予算に分けてポケットに入れます。月によっては1か月に5週ありますが、常に1週間の予算を意識して、管理しましょう。5週分欲しいときは、下の段の真ん中にあるフリーポケットを5週目として使ってください。

マネポケにお金を入れるときは、必ず現金が見える状態にします。封筒に入れた状態で振り分けると、お金が直接見えないため、予算管理の意識が薄れてしまうのです。

④1週間の始まり

その週の予算をお財布に入れて使います。食費が多くても、レジャー費が高くても、予算の範囲なら何に使ってもかまわないのが、マネポケの手軽で嬉しいところです。

⑤1週間のまとめ

1週間が終わったらお財布を空にして、次の週のお金をお財布に入れて、新たな1週間を始めます。そのときに、お財布に残ったお金があれば、「ごほうびポケット」に入れましょう。

第4章 親もお金と上手につきあおう

 このように、マネポケなら、最初に現金予算を決めることで、家計簿なしでもお金の管理ができます。

 気がついたら、お金がないんです……

由美さん（41歳／専業主婦）
「老後が不安なのでお金を貯めたい」と、相談にいらっしゃいました。ただ、家計はどんぶり勘定で、なんとかやりくりしている状況です。

 まずは、夫婦それぞれが使っているお金の中身を洗い出し、「夫のお小遣い」「妻のお小遣い」「家計のお金」の3つに分けました。
・夫のお小遣い＝3万円
・妻のお小遣い＝1万円
・家計のお金＝6万円（食費＝4.5万円、日用品費＝0.5万円、
　　　　　　　　　　レジャー費＝1万円）
 1か月の予算が決まったら、123ページの手順に沿って行います。
 1か月の現金支払いに必要な「家計のお金」6万円を4週間で割り、

1週間の予算を決めます。由美さん一家の1週間の予算は1万5,000円なので、それぞれのお小遣いと合わせて、一万円札を8枚、五千円札を4枚で、合計10万円分のお札を引き出します。

1か月分の現金を引き出したら、「夫のお小遣い3万円」と「妻のお小遣い1万円」はそれぞれのお財布に入れ、「家計のお金」は1週間の予算1万5,000円ずつに分けて、マネポケの各週のポケットにセットします。これで完成です。

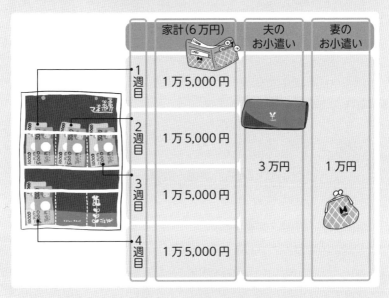

始める前は「足りるかな？」と不安気な由美さんでしたが、自分が自由に使えるお小遣いと家計のお金を分けたことで、ストレスなくお金が使えるようになりました。また、家計のお金も予算を決めたことで「予算内に収まれば大丈夫！」という心のゆとりが出たそうです。今も「ごほうびポケットに貯まったお金で行く、月末の焼肉が楽しみ！」とマネポケでの管理を続けています。

第4章　親もお金と上手につきあおう

ステップアップ

1週間の予算が余ったときは、「ごほうびポケット」に貯めて、「お金を使う楽しみ」をプラスしましょう。最後の週をプチ贅沢週にするもよし、「ごほうび」を何か月分も貯めて豪華に楽しむもよしです。

1週間の家計管理を頑張れば、頑張っただけ最後のお楽しみが増えるので、楽しく管理できますよ。

ステップアップ

113ページの特別支出のお金は、必要な月に、毎月の現金予算に上乗せして引き出します。そして、引き出したお金は下段中央のポケットに入れて、必要なときに取り出して使います。

✻ マネポケの使い方Q&A

Q マネポケは家のどこにかけておくのがいいですか？

A　毎日見る場所がおススメです。冷蔵庫や洗面所、寝室など普段見るところにかけましょう。毎日目にすることで、今が1か月のどの時期なのかがわかりますし、予算管理を家族へアピールするのにも役立ちます。リビングにあると、お客さんが来たときに恥ずかしい！　という人は、来客時だけ外しましょう。

Q 週の途中でお金が足りなくなったら？

A　特売やお米を買ったときなど、たまたまその週だけ1週間の予算をオーバーしたときは、翌週の予算からお金を取って使います。翌週の予算は少なくなりますが、お金を使うことは減っているはずだし、気持ち的にも引き締めの心理が働くはず。

「ごほうび」にお金が入っていても、それには手をつけず、気持ち

を引き締めましょう。

Q 毎週予算が足りなくなってしまいます。
A　毎週足りないということは、予算の立て方に無理があるのではないでしょうか。「頑張るぞ！」という意欲は大切ですが、気力だけでは続かないのが家計です。「今月も足りない」と思う気持ちがストレスになって、お金のことを考えるのがイヤになる前に、使っているお金の中身と予算の見直しをしましょう。

Q 習い事の月謝が現金払いですが、これも週分けするのですか？
A　週分けはしません。現金で支払う時期や金額が決まっているものは、下段の真ん中にあるフリーポケットに入れて、必要なときに取り出して支払います。

Q 子どもが勝手にお金を取ったらどうしよう？
A　お金に興味があるのはよいことです。このお金は、生活していくために大切なお金であり、子ども自身のお金とは違うことをしっかりと説明するチャンスです。

Q 今月は税金の支払いとご祝儀があるのですが……
A　1か月の予算を引き出すときに、上乗せして引き出します。たとえば、毎月の現金の引き出し額が10万円、税金が5万円、ご祝儀が3万円の場合は、合計18万円を引き出します。そして、税金とご祝儀の合計額8万円は下段の真ん中にあるフリーポケットに入れて、必要なときに使います。それ以外の10万円は、いつもと同じようにお小遣いや家計のお金としてマネポケに振り分けます。

「今月は税金の支払いがあるから」「今月は結婚式のご祝儀が必要だから」と理由をつけてそのたびにお金を引き出しに行くと、だんだんと1か月の管理がルーズになってしまいます。最初にその月の

第4章　親もお金と上手につきあおう

支出予想をして、上乗せして引き出す現金額を決めることが、マネポケを上手に使うコツですよ。

　お金カレンダーと同じく、「計画する力」と「管理する力」を"見える化"したマネポケですから、1か月の予定を想像しながら使ってくださいね。

Q 現金予算が毎週余るようになってきました。

A　マネポケを使ってお金管理の意識が高くなってくると、支出が減るのはよくあること。「1週間でこのお金を全部使い切っても大丈夫！」という心のゆとりが、かえって、無駄遣いを減らすようです。予算が余ることが続いたら、定期的に余るお金を先取り貯蓄にしたり、増やしたい支出に充てるなど、1週間の予算を減らす方向で見直してみましょう。

Q マネポケにお金以外のものを入れてもいいですか？

A　使いやすいように使ってください。レシートがなくても家計管理ができるのがマネポケのいいところですが、レシート管理をしたいならレシートを入れる、クリーニングの引取券をその予定週に入れる、家族へのメモを入れる、という使い方もできますし、ごほうびポケットに写真を入れたり、目標を書いたりしてモチベーションアップを図ることもできます。あなただけのマネポケを楽しんでください。

Q マネポケを使わなくても1か月のお金の管理ができそうです。

A　おめでとうございます！　週分けから1か月の家計管理にステップアップですね。これからは、1か月の予算の中でやりくりできるように頑張りましょう。

✻ 緊急事態発生！　そのとき、どうする？

　アプリとマネポケを使っていても、油断できないのが「緊急事態」です。食費や日用品のお金は予算立ててマネポケで管理して、特別支出はフリーポケットでコントロールしています。

　でも、「〇月×日までに、子どもの教材費を持ってきてください」というお知らせが届いたり、「会社の同僚の結婚祝いを出すことになったから、現金がいる」など、予定どおりにいかないことはあるのです。

　こんなとき、いつものマネポケの週分け予算から出そうとすると、「今週は〇〇で臨時出費があったから、足りなくても仕方ない……」と心に隙が生まれます。せっかく習慣化してきたマネポケを挫折しないための魔法のアイテムが、名付けて「封筒金庫」です。

　「封筒金庫」のやり方も簡単。あらかじめ現金を入れた封筒を家に置いておき、緊急事態の現金支出はこの封筒から取り出して使うのです。

✻ 封筒金庫の使い方

①3〜5万円分のお金をすべて「千円札」にして、ペンと一緒に封筒の中に入れる（ATMから引き出すときには、3万円分なら30千円として引き出します。取り扱いできない銀行もあります）。

②封筒の裏に、お金を入れた日付と金額を書く。

③想定外の現金支出があったときは、この封筒からお金を出す。

④お金を取り出した日付、内容、金額を封筒の表にメモする（使ったペンを封筒に戻すのを忘れずに）。緊急事態のたびに、これを繰り返す。

⑤封筒金庫の現金がなくなったら、新たに千円札を数万円分入れて、お金を追加した日付と金額を封筒の裏に記入する。

⑥12月末に、支出の理由を「教育費」「冠婚葬祭費」などとグループ分けし、グループごとの支出合計額と全部の合計額を出す。

第4章 親もお金と上手につきあおう

⑦来年は、これらの現金支出を想定して、家計管理や封筒金庫の金額を決めて使う。

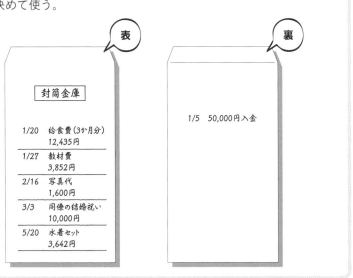

 これを1年間繰り返せば、封筒のメモを見るだけで、どんな項目に、いくらのお金が必要だったのかがわかります。これにより、翌年の現金支出の時期や金額が把握できるから、次は臨時支出を減らすことができるのです。
 「使った内容まで管理するのは無理！」という人は、「封筒金庫」の裏に入れた金額と時期だけ書いておき、1年間でいくら使ったのかを振り返りましょう。
 1年の途中からでもスタートできますから、始めてみてくださいね。

 アプリもマネポケも封筒金庫も、利用する目的は「お金をコントロールすること」です。「これならできそう」と思えることを、ちょっとずつ増やしていきましょう。そうすることで、「楽しくお金が使える家計」が実現するはずです。

親も頑張る！
家計の大改造

"もしも"の不安が多いと、保険を手厚くしたり、貯金を増やすことに一生懸命になりがちです。でも、そのお金、本当に必要でしょうか？

✱ 家計改善は、日々の小さな節約よりも大きな見直しから

「家計の見直し」と聞くと、多くの人が「節約」という言葉を思い浮かべるようです。安いスーパーを探してハシゴしたり、待機電力カットのために使っていない電化製品の電源プラグを抜いたり、お風呂の残り湯を洗濯に利用したり……といった節約術は身近ですよね。

でも、日々の節約術は身近であるぶん、毎日気をつけなければならず、習慣化するまでストレスがたまりやすいのが欠点です。節約に気を回した結果、心の余裕がなくなってイライラした経験は、誰もが一度はあるのではないでしょうか。

もちろん、日々の節約は、やらないよりもやったほうが効果的。でも、大きなお金から見直したほうが、ストレスをためずに家計改善できます。**家計の見直しは、まず「保険料」と「住居費」から始める**ようにしましょう。

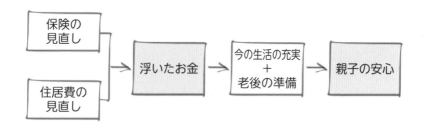

第4章 親もお金と上手につきあおう

「保険料」と「住居費」は家計の中の2大支出にあたります。この2つの支出を見直すには、知識が必要だったり、自分だけでは実行できないこともあったりと、なかなか大変です。でもそのぶん、一度見直してしまえば、頻繁に手を入れる必要性が低いため、見直し効果は大きく、自動的に続くのです。

たとえば、あなたが家計を見直して、「保険料」で月1万円、「住居費」で月1万円、合計2万円の支出が減ったとしましょう。月2万円は30年間で720万円の貯蓄を作ってくれます。見直し効果は絶大ですね！

ただし、その浮いたお金は放っておくといつの間にか消えてしまいます。**浮いたお金は「もともとなかったお金」**として、今の生活の充実度アップや老後の準備に使いましょう。そうすることで、親自身の老後の心配事が減り、安心につながります。

✲ 保険の考え方を知ろう

保険は、残された家族の一生を考えて検討します。「一生分の必要な収入」と「一生分の必要な支出」を比べて、一生分の収入が不足する部分を補うのが保険です。

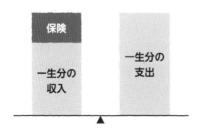

✻ 親亡き後は「遺族年金」と「障害年金」を活かそう

　まずは、保険から見直します。その理由は、**障がいがある子どもの親は、とにかく保険に入りすぎている傾向がある**からです。

　もちろん、「親が亡くなった後に、子どもが困らないようにしておきたい」という親心はよくわかります。でも、今の生活を切り詰めてまで必要以上の保険に入っていても、将来、子ども本人がそのお金を効果的に使い切れないことがあります。実は、入所施設の現場では、親が残してくれた多額の預金を使い切らないまま亡くなってしまう人もいるのです。また、障がいのないきょうだいがいる場合、必要以上の保険料負担によって、彼らのやりたいことを我慢させているかもしれません。

　むやみに保険をカットして、もしものときに足りないのは困りますが、必要以上の保険に入り、障がいのある子どもが使えないお金と化してしまうのも家計にとっては困りものなのです。

本当に必要な金額だけ、死亡保険で備えるようにしましょう。

　ところで、あなたは自分の死亡保険について検討するときに、**「遺族年金」**のことを考えましたか？

　次の図は遺族年金と障害年金の仕組みについて簡単に説明したものです。親に万が一のことが起こった場合、**18歳の年度末を迎えるまでの未婚の子**、または**障害等級1級・2級で20歳までの未婚の子**は遺族基礎年金を受け取れます。

　国からもらえる年金を知っておきましょう。

第4章 親もお金と上手につきあおう

会社員の父親が死亡して、妻と子が残った場合

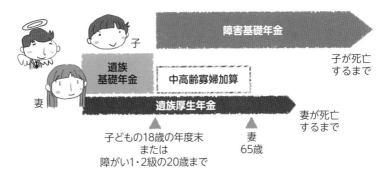

自営業者または専業主夫の父親が死亡して、妻と子が残った場合

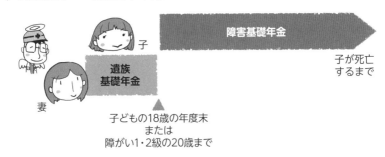

会社員の母親が死亡して、夫と子が残った場合

🍀 自営業者または専業主婦の母親が死亡して、夫と子が残った場合

　遺族基礎年金や遺族厚生年金を受け取るためには、亡くなった人が生きている間に**国民年金保険料や厚生年金保険料を納めている**こと、そして、**残された夫や妻の年収が将来にわたって850万円未満**であること、などの一定の要件があります。

　これらを満たすと、**遺族基礎年金**は子の人数に応じた一定金額を、**遺族厚生年金**は亡くなった人が生前に納めた厚生年金保険料や加入月数に応じた金額を、**中高齢寡婦加算**は年額約58万円の定額を受け取ることができます。

　たとえば、夫が死亡し、妻と幼い子2人が残された場合、遺族基礎年金から年間約122万円を受け取ることができるのです。

🍀 子のある妻または夫が受け取る遺族基礎年金の金額

妻(夫)と子の数	妻(夫)+1人	妻(夫)+2人	妻(夫)+3人
年金額(年額)	約100万円	約122万円	約130万円
子だけの数	1人	2人	3人
年金額(年額)	約78万円	約100万円	約107万円

　障がいのある子どもがまだ幼い場合、遺族基礎年金などの制度を知ると、親はひとまず安心します。でも、すぐに「子どもが20歳になったらどうなるの?」という疑問が出てきます。

　ご心配のように、子への遺族基礎年金は、障害等級1級・2級の子

第4章 親もお金と上手につきあおう

が20歳になればもらえなくなりますが、子どもが20歳になると、**障がいの状態に応じて「障害基礎年金」を受け取る**ことができます。

障害基礎年金の金額

1級障害基礎年金	約97万円＋子の加算
2級障害基礎年金	約78万円＋子の加算

※「子の加算」は、障がい者本人に扶養すべき子がいる場合に、第1子、第2子は1人あたり約22万円、第3子以降は約7万円が加算されます。

あまり考えたくないことですが、具体的な例で考えてみましょう。

Example 障がいのある未成年の子を残して両親が亡くなったら…

15歳の障害等級1級に該当する子どもを残して、両親が同時に亡くなってしまったとします。この場合、国からいくらぐらいの支援を受けられるでしょうか？

子が20歳になるまでは遺族基礎年金として年間約78万円、そして、20歳からは障害基礎年金として年間約97万円を受け取ることができます。子が90歳まで生きた場合、総額にして7,180万円を受け取れるのが国の保障です。

また、年齢やその状況に応じて障害児福祉手当や、親に代わって子どもを養育する人に特別児童扶養手当が支給されます。そして、国や市区町村のサポートを受けることも可能です（巻末資料を参照）。

障害等級1級の子　　15歳　　20歳　　遺族基礎年金 約78万円／年　　障害基礎年金 約97万円／年　　90歳で死亡

さらに、この子が大人になって、グループホームに入った場合の年間の収支を考えてみましょう。

　グループホームで生活した場合の支出の目安は約72万円（入居費、食費、水道・光熱費などはグループホームにより異なります）。障害基礎年金による収入は約97万円なので、収支は25万円のプラスとなり、ここからお小遣いとして月2万円ほど、自由に使えるお金もありそうです。これならもしもの場合も、ある程度の生活の見通しが立つのではないでしょうか。

もしものことを考えると不安になる気持ちはよくわかりますが、まずはしっかりと国の制度を知ることが大事です。
自身で見直すことが難しい場合は、障がいを持つ人の年金や保険に詳しいファイナンシャル・プランナーや社会保険労務士に相談してみましょう。

✳ 住居費を見直そう

　保険料の次に見直したいのが「住居費」です。住居費は、賃貸か持ち家かでも、見直し方が変わります。

　まずは、賃貸の見直しを紹介しましょう。**賃貸住宅の家賃の見直し方法は「住み換え」と「交渉」です。**「住み換え」の場合は、今よりも家賃の低いところに住むことで、毎月の支出を抑えます。住み換え時には、引越代金や敷金・礼金などのまとまった支出が発生しますが、

第4章 親もお金と上手につきあおう

長期的に見れば貯蓄を増やすことができます。

　もう1つの方法である「交渉」は、同じ物件に長年住んでいる人なら試す価値があります。通常、建物が古くなれば、なかなか借り手がつかなくなり、家賃相場は下がる傾向にあります。

　同じ建物内に空き物件があり、その家賃が低い場合は、大家さんと交渉してみるのも手です。必ずしも要求が通るわけではありませんが、「ダメでもともと」と思って交渉してみて、少しでも家賃が下がれば助かりますね。

　次は、持ち家のケースです。**住宅ローンを支払っている人の見直し方法は、「借り換え」と「繰り上げ返済」**です。

　現在残っている住宅ローンを、別の金融機関で借り直すことを「借り換え」といいます。別の金融機関で新たにローンを組むので諸費用はかかりますが、総返済額を減らしたり、毎月の返済額を少なくしたり、早期に返済を終えたりすることが可能です。自分の住宅ローンと世の中の住宅ローンとの**金利差が1%以上**、住宅ローン**残高が1,000万円以上**、残りの**返済期間が10年以上**ある場合が、一般的な借り換えの目安です。

Example 住宅ローン金利が下がっているので借り換えを検討したい

貴志さん（46歳／会社員）

　5年前に3,350万円、35年返済、金利2%（全期間固定金利）で住宅ローンを借りた貴志さん。住宅ローン金利が下がっていると聞いて調べたところ、ある金融機関では30年間の固定金利が1.5%で借りられることがわかり、借り換えてどれくらいのメリットがあるのかをご相談にいらっしゃいました。

現在の状況は、残りの返済期間が30年、残高は約3,000万円です。これを現状のまま返済し続けた場合と、借り換えた場合とで比較したのが次の表です。

借り換えシミュレーション

	現在の金利2%	借り換え後の金利1.5%	差
毎月の返済額	110,973円	103,536円	マイナス7,437円
残り30年間の総返済額	39,950,280円	37,272,960円	マイナス2,677,320円
借り換え諸費用	—	約30万〜80万円	

（2016年5月に借り換え）

貴志さんの場合は、金利差は0.5％でしたが、残高が多く、また返済期間も長く残っているため、借り換えすることで毎月の返済額を約7,000円減らすことができ、総返済額は267万円も減ることがわかりました。借り換えには諸費用がかかりますが、仮に諸費用が80万円かかったとしても、借り換えをしたほうが約187万円お得になることがわかり、貴志さんは納得して借り換えを実行しました。

実は、私（前野）も、FPになる前に買った住宅ローンを借り換えと繰り上げ返済で見直し、総額800万円の無駄な利息を浮かせた経験があります。

また、鹿野さんには借り換えではなく、銀行への金利引き下げ相談をアドバイスしたところ、次の図のとおり、彼女は2％の金利引き下げに成功しました。そして、やはり総額800万円を超える将来のお金を作ることに成功したのです。

第4章 親もお金と上手につきあおう

🌱 金利交渉の成功例

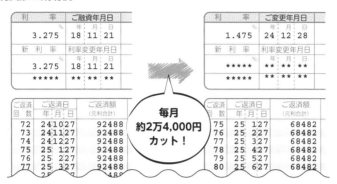

 住宅ローンは、20年、30年と長期間にわたって支払うお金なので、毎月の差額の積み重ねが、のちに大きな効果を生み出します。自分で調べる時間や手間、専門家のアドバイスを受ける相談料を惜しまずに、大きな節約効果を手に入れてくださいね。

 なお、借り換えを検討したけれど、諸費用を含めると期待した以上の効果がなさそうだという場合は、**「繰り上げ返済」**という方法があります。繰り上げ返済とは、手元にある預貯金を使って、住宅ローンの借入金の一部をまとめて返す方法です。将来支払う予定だった利息をカットする効果があるので、長期的な視点で家計の貯蓄が増える方法を検討しましょう。

繰り上げ返済のタイミングはいつがいい？

透さん（39歳／会社員）

 返済期間35年、金利1.5％（全期間固定金利）という条件で、2,500万円を借りています。繰り上げ返済ができそうな場合は、すぐにやったほうがいいのでしょうか？

2年目に繰り上げ返済をしたパターンと、10年目に行ったパターンでその効果を比べてみました。

繰り上げ返済の時期による比較

	短縮された返済期間	支払わずにすむ利息
2年目に繰り上げ返済100万円	21か月	約63万円
10年目に繰り上げ返済100万円	19か月	約46万円

シミュレーションでわかるとおり、同じ金額を繰り上げ返済する場合、早く行ったほうが短縮される期間、支払わずにすむ利息が多く、繰り上げ返済の効果は高くなります。

ただし、年末借入残高の1%が減税される住宅ローン控除を利用している人は、金利や残りの期間によって、繰り上げ返済よりも住宅ローン控除を重視したほうがよい場合もあれば、住宅ローン控除よりも繰り上げ返済を優先したほうがよい場合があります。迷ったときは、金融機関やファイナンシャル・プランナーに相談してみてください。

将来支払う予定だった利息を払わずにすむ効果がある繰り上げ返済ですが、はりきって繰り上げ返済をした結果、子どもたちの教育費が不足、あるいは、車を買い替えるお金がない、などとなったら大変です。場合によっては、住宅ローンよりも高い金利のローンを組むことになるかもしれません。

繰り上げ返済ばかりに熱中せず、数年先に使うお金の予定もしっかりと確認した上で実行しましょう。

そんなときに役立つのが、将来の貯金のシミュレーションができるキャッシュフロー表ですよ。

親の老後の生活は大丈夫?

奨学金や教育ローン、住宅ローンはあっても、老後ローンはありません。だからこそ、自助努力が大切です。

※ 老後の生活はどうなるの?

　家計改善の方法として、保険と住居費の見直しをご紹介しましたが、そこで浮いたお金は「もともとなかったもの」として、将来のための貯蓄、つまり親の老後資金の準備に回したいものです。

　男性では昭和36年4月2日以降、女性では昭和41年4月2日以降に生まれた人が、老後の年金をもらい始めるのは65歳からです。気になる年金額は、毎年誕生月に届く「ねんきん定期便」に、現段階での受取額の目安が記載されています。また、「ねんきんネット」では、将来の受取額のシミュレーションもできます。まずは将来の年金額の目安を知りましょう。

　なお、現在年金を受け取っているシニアの平均額が次の表です。

	男性	女性
会社員だった人 (厚生年金と国民年金)	約199万円 (約36年厚生年金で働いた人の平均額)	約123万円 (約25年厚生年金で働いた人の平均額)
自営業者・専業主婦だった人 (国民年金のみ)	約70万円	約62万円
国民年金を40年間納めた人の満額	約78万円	

出典:厚生労働省年金局「平成26年度厚生年金保険・国民年金事業の概況」

メディアなどでよく見聞きする「老後にもらえる年金は夫婦2人で月額23万円」という金額は、会社員の男性が受け取る年金約199万円と専業主婦が満額年金を受け取った場合の約78万円を合計した277万円をもとに、1か月分を算出しています。

夫婦共働きで厚生年金に加入していた期間がある場合は、月額23万円よりも多い年金を受け取れることになります。ですから、**「働く」ということは、今現在の収入だけでなく老後の安心も作ってくれる**ものだと、知っておいてください。

✳ 老後の生活費のカギを握るのは？

多くの人が「老後の生活のカギを握るのは収入」と思っていますが、実は、**カギとなるのは「支出」**です。テレビや雑誌では「老後資金は1億円必要！」などと言いますが、必要な金額は人によって異なるので、自分に必要な金額を具体的に考えましょう。

もしもあなたの老後の生活が、住居費も含めて平均的な夫婦の年金額である23万円で収まるなら、老後不安は小さいでしょう。反対に、23万円では足りないというのなら、差額分を準備する必要があります。65歳から仮に90歳まで生きるとして、不足額に65歳からの300か月（25年分）をかけると、あなたが最低限準備しなければならない金額がわかります。簡易計算として参考にしてください。

より具体的に知りたい人は、拙著『本気で家計を変えたいあなたへ』または、無料アプリ「あんしん老後の貯蓄計画」でも、気軽にシミュレーションすることができます。

著者ホームページ (http://www.fp-will.jp/application.php) または各種アプリストアから無料ダウンロード

✻ 税制を味方に老後資金を準備しよう！

　ここからは、税金の節約効果を得ながら老後の準備ができる制度を3つご紹介します。自分に合う制度を選びましょう。

①個人年金保険

　個人年金保険は、保険会社に10年以上にわたって保険料を積み立て、そのお金を60歳以降に年金として受け取る保険商品です。加入時の予定利率が満期まで続くので、低金利時代には大きく増えませんが、一定の要件を満たすと、「個人年金保険料控除」を使うことができるので、少額ですが納める税金が少なくなります。

②確定拠出年金

　確定拠出年金は、毎月決まった金額を老後のために積み立てる制度です。加入の際は、窓口となる証券会社や銀行などの金融機関を決め、積立金を運用する商品も定期預金や投資信託の中から自分で選びます。そのため、将来どのくらいのお金を受け取れるかは、自分の運用結果次第です。

　確定拠出年金は、原則60歳まで積立金の引き出しはできません。しかし、引き出せないかわりに、①掛金全額に対して税金がかからない、②運用中の運用益に対して税金がかからない、③将来受け取るときにも税金が軽減される、という税金上の3つのメリットがあります。

　確定拠出年金には「個人型」と「企業型」があり、企業型は、勤務先の会社が導入した場合に会社経由で加入します。会社に確定拠出年金や厚生年金基金などがない会社員と自営業者は、個人型確定拠出年金に加入することができます。

　また、2017年1月からは、公務員や専業主婦も加入できます。

③**小規模企業共済**

　小規模企業共済は、個人事業主が廃業したときや、小規模企業の役員が退職したときに備えて積み立てる退職金制度の1つです。これも掛金全額に対して税金がかからず、将来受け取るときにも税金が軽減されます。さらに、将来資金が必要になった場合は、小規模企業共済に積み立てた資金の中から、貸付制度を利用することができます。

❋ 障がいのある人の家庭で相続が起きたら…？

　親が亡くなったとき、意思能力が不十分な知的障がいのある人を、遺産分割協議に参加させた結果、話し合いの状況がわからないまま署名・押印（印鑑証明の提出）をしてしまい、遺産分割の内容によっては障がいのある子が権利侵害を受けるケースがあります。

　そうならないためには、家庭裁判所に後見人の選任の申し立てを行って成年後見制度を利用するのが理想的です。ですが実態は、本人が利用を望まなかったり、マスコミで報道される成年後見人の横領や着服などのニュースを知って利用に不安を感じたり、さまざまな理由で制度の利用を躊躇されているようです。

　そこで、次の2つをおススメします。

①**生命保険の活用**

　生命保険は受取人固有の財産という特徴があります。受取人を決めるのは契約者の権利であり、相続人なら何人でも受取人にすることができますし、受取金額の割合の決定や変更も契約者の自由にすることができます。

第4章 親もお金と上手につきあおう

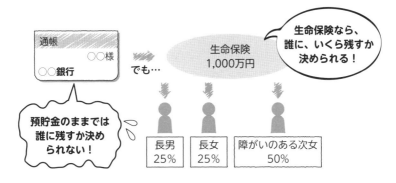

🍀 生命保険を活用するメリット

- 遺産分割協議書のいらない財産になる（受取人固有の財産）
- 遺言書の効果がある（残したい人に残せる）
- 受け取り時に、他の相続人の署名・捺印が不要。受取人個人の口座に振り込まれる
- 相続税対策になる
  ・相続税の基礎控除：3,000万円＋600万円×法定相続人の数
  ・死亡保険金の非課税限度額：500万円×法定相続人の数
  （相続税の基礎控除と死亡保険金の非課税限度額は別々に利用できる）

②遺言書の作成

　親が元気なうちに障がいのある子も含め家族全員で「親の財産をこのように分けてほしい」と話し合っておくことが、何よりの対策です。そして、親の意思表示を形にし、死後に実現させるのが「遺言書」です。遺言書が法的効力を有し、正当な相続の権利を侵害していない（遺留分も考慮されている）ときは、遺産分割協議書を作成しなくても、遺言書どおりに相続人に遺産を渡すことができます。

❦ 相続発生後のスケジュール

> 親の死亡

> 「相続人」と「相続財産」の確定（相続放棄は3か月以内）

遺言書がある場合
遺言書があれば遺産分割協議をする必要はありません。また、遺言執行者を指定しておくと相続する財産の名義変更の各種手続きを行ってくれます。

遺言書がない場合
遺言書がない場合は、遺産分割協議書を作成します。遺産分割協議とは、亡くなった人の相続財産をどうやって分けるかを相続人全員で話し合うことです。相続人全員の署名・実印の押印（印鑑証明の添付）、戸籍謄本などが必要です。

> 遺産分割でもめたら……
> 家庭裁判所に調停を申し立てる

> 相続する財産の名義変更、不動産の移転登記などを行う

10か月以内に相続税の申告、納付
10か月までに遺産分割協議を終えないと、原則、相続税の優遇措置などが受けられなくなります。

親が亡くなった後の子の生活は？

子どもが生き生きと活動し、安全に暮らしていくための場とサポートを知っておくと、親が亡くなった後も安心です。

❋ 障がいのある人の暮らしの場と支援とは？

　障がいのある人がサポートを受けながら生活する方法として、次のようなものがあります。

生活介護	日常的に介護を必要とする人に対して、主に日中に日常生活上の支援や創作的活動、生産活動の機会を提供するほか、身体機能や生活能力の向上のために必要な援助を行います。
入所施設	施設に入所する人に、夜間や休日、入浴、排せつ、食事の介護等を行います。
地域活動支援センター	障がいによって働くことが困難な人に対して、日中の活動をサポートする福祉施設。創作的活動や、生産活動の場の提供などの支援をします。
グループホーム	親元から離れて、世話人の支援を受けながら地域のアパートやマンション、一戸建てなどで生活する居住の場です。仲間と共同生活しながら地域で暮らすことができます。グループホームの中にはサテライト型住居のように、共同生活よりも単身での生活を望む人を対象にしたスタイルもあります。特定障害者特別給付費（補足給付）など月額１万円の家賃補助もあります。
余暇活動の支援（障がい者スポーツセンター）	障がいのある人に対し、スポーツおよびレクリエーション活動の機会を提供するとともに、障がいのある人の自立と社会参加を促進します。

　グループホームでの生活は、「特定障害者特別給付費」（補足給付）で家賃補助を受けると、障害基礎年金と作業工賃の収入によって十分

暮らしていける人もいます。ただし、グループホームの家賃や、本人のお小遣い額によっては、家族からの仕送りが必要な場合もあります。

グループホームでの生活の収支

収入（月）	
工 賃	1万円
障害基礎年金	6.5万円
合 計	7.5万円

支出（月）	
グループホーム家賃	3万円
補足給付	-1万円
食費・水道・光熱費	3万円
携帯電話代	0.3万円
お小遣い	0.5万円
その他	1.5万円
合 計	7.3万円

グループホームの家賃の例（大阪府）

物件	家賃の目安	形態	1人の負担額	補助給付後
一戸建て	16万円	4人共同	4万円	**3万円**
マンション	8万円	2人共同	4万円	**3万円**
アパート・ハイツ	6万円	2人共同	3万円	**2万円**
府営（市営）住宅	3万円	2人共同	1.5万円	**0.5万円**

グループホームと一人暮らしの収支

　親元を離れて暮らす場合、グループホームと一人暮らしの生活では、経済的にどのくらいの違いがあるのでしょうか。過去にご相談を受けた事例で見てみましょう。

第4章 親もお金と上手につきあおう

グループホームを出て一人暮らしをしたい

大助さん（38歳／療育手帳B2）

10年前の就職を機に「父親から独立して、地域で暮らしたい」と生活支援センターに相談。しかし、「いきなり一人暮らしをするよりも、まずはグループホームで経験を積んでみては？」とアドバイスされ入居しました。清掃員としての職場はホームから遠く、毎朝5時起きです。そろそろ職場の近くで一人暮らしをしたいが、金銭面で問題がないか知りたいということで相談を受けました。

年収（手取り）：145万円

資産：普通預金124万円／定期預金440万円

養老保険：200万円（45歳満期）

※父親（74歳）は賃貸住宅で一人暮らし（別世帯）

　大助さんの人生の目標は「一人暮らしをすること」なので、グループホームでも料理以外のことは自分でするように心がけていました。金銭管理でも、グループホーム費用やお小遣いは自分の口座から出金し、振り分けて世話人に渡しています。

　彼はすでに職場の近くの不動産業者と賃貸物件を借りるための打ち合わせをし、家賃5万円での生活設計をしていました。そこで、収支では大助さんが希望する家賃5万円と設定し、グループホームで生活し続けた場合と、一人暮らしをした場合を表にまとめました。そして、それぞれのキャッシュフロー表を作成したところ、家賃、引越し代金や家具・電化製品の調達費用の80万円を計上しても、十分資金が残ることが確認できました。

🌿 グループホームと一人暮らしの収支比較

1か月の収入合計	18.7万円	
給料	12.1万円	
障害基礎年金	6.6万円	
	グループホーム	一人暮らし
1か月の支出合計	11.1万円	17.2万円
家賃	1.1万円	5万円
食費	2万円	3万円
水道・光熱費	1万円	1.5万円
電話代	2万円	2万円
お小遣い	4万円	4万円
その他（日用品など含む）	1万円	1.7万円
残金	7.6万円	1.5万円

🌿 大助さんの年間キャッシュフロー表（グループホーム）

(万円)

		現在 2010	1年後 2011	2年後 2012	3年後 2013	4年後 2014	5年後 2015	6年後 2016	7年後 2017	8年後 2018	9年後 2019	10年後 2020
年齢	大助	38	39	40	41	42	43	44	45	46	47	48
収入	収入	145	145	145	145	145	145	145	145	145	145	145
	保険	0	0	0	0	0	0	0	200	0	0	0
	公的年金	79	79	79	79	79	79	79	79	79	79	79
	収入計	224	224	224	224	224	224	224	424	224	224	224
支出	家賃	13	13	13	13	13	13	13	13	13	13	13
	食費	24	24	24	24	24	24	24	24	24	24	24
	水道・光熱費	12	12	12	12	12	12	12	12	12	12	12
	電話代	24	24	24	24	24	24	24	24	24	24	24
	お小遣い	48	48	48	48	48	48	48	48	48	48	48
	その他	12	12	12	12	12	12	12	12	12	12	12
	支出計	133	133	133	133	133	133	133	133	133	133	133
	年間収支	91	91	91	91	91	91	91	291	91	91	91
	貯蓄残高	564	655	746	837	928	1,019	1,110	1,401	1,492	1,583	1,674
	イベント											

※表中の金額は概数

第4章 親もお金と上手につきあおう

大助さんの年間キャッシュフロー表(一人暮らし)

(万円)

		現在 2010	1年後 2011	2年後 2012	3年後 2013	4年後 2014	5年後 2015	6年後 2016	7年後 2017	8年後 2018	9年後 2019	10年後 2020
年齢	大助	38	39	40	41	42	43	44	45	46	47	48
収入	収入	145	145	145	145	145	145	145	145	145	145	145
	保険	0	0	0	0	0	0	0	200	0	0	0
	公的年金	79	79	79	79	79	79	79	79	79	79	79
	収入計	224	224	224	224	224	224	224	424	224	224	224
支出	家賃	13	60	60	60	60	60	60	60	60	60	60
	食費	24	36	36	36	36	36	36	36	36	36	36
	水道・光熱費	12	18	18	18	18	18	18	18	18	18	18
	電話代	24	24	24	24	24	24	24	24	24	24	24
	お小遣い	48	48	48	48	48	48	48	48	48	48	48
	その他	12	140	20	20	20	20	20	20	20	20	20
	支出計	133	326	206	206	206	206	206	206	206	206	206
	年間収支	91	-102	18	18	18	18	18	218	18	18	18
	貯蓄残高	564	462	480	498	516	534	552	770	788	806	824
	イベント		引越し									

※表中の金額は概数

グループホームと一人暮らしの貯金残高比較

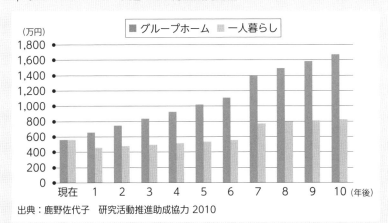

出典:鹿野佐代子 研究活動推進助成協力 2010

また、万が一失業しても雇用保険の失業給付や貯金があるので、すぐにお金に困る事態にはならず、グループホームへの再入居や就労支

援などの対策ができそうだと考えました。
　大助さんは「自立できるお金が十分あることがわかって安心した」と言われ、地域活動支援センターの支援者と話し合って、3か月後には家賃5万円のマンションを借りてグループホームを退去されました。

　グループホームと一人暮らしでは、生活費の内訳や、受ける福祉サービスが変わってきます。グループホームは共同生活なので、家賃や水道・光熱費は割安ですが、一人暮らしでは家賃や水道・光熱費などの負担が増えます。一人暮らしを提案するときは、「安定した収入が必要になること」「貯金やお小遣いが減ること」も理解した上で、判断するようにアドバイスします。

　また、グループホームでは食事の提供など世話人の支援を受けられますが、一人暮らしは献立も調理も自分でしなければなりません。人間関係の煩わしさから解放される反面、寂しさを感じるかもしれません。「一人暮らしをしたい」と強く願う当事者には、支出や福祉サービスの違いを伝えるとともに、健康管理や余暇活動のあり方についても話し合っておく必要があります。

　大助さんの場合、今後、本人に何かあったときは勤め先の清掃会社、地域活動支援センター、家族が連携してサポートすることになっています。

経済的側面からのアプローチで実行援助を見守るファイナンシャル・プランナーも、大助さんのセーフティネットの1人になったといえます。

第4章 親もお金と上手につきあおう

Example
仕送りを受けながらの生活。仕送りがなくなったら…?

大樹さん(46歳／療育手帳A)

就労継続支援B型の工賃と障害基礎年金の受給による収入を得て、グループホームで生活しています。収支を見ると、年間10万円ほどのマイナスです。本人名義で200万円の貯金がありますが、それには手をつけないようにと、足りないぶんは父親が仕送りしています。親に万が一のことがあれば、仕送りする人がいなくなるので「貯金200万円でどれだけ生活できるのか心配」という相談です。

仕送りを受けながらグループホームで暮らしている大樹さんの収支は、次のようになっていました。

🌿 大樹さんの1年間の収支

収　　入		支　　出	
障害基礎年金	78.8万円	グループホームの入居代	36万円
工賃 (月額6,800円)	8.2万円	食費・水道・光熱費 携帯電話 お小遣い その他	24万円 8.4万円 18万円 10.6万円
合計	約87万円	合計	97万円

出典:鹿野佐代子　研究活動推進助成協力2011

大樹さんの貯金の推移

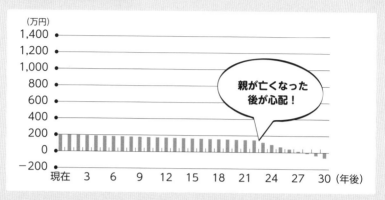

親の立場から見ると、このグラフはとても不安です。そこで、やっておきたいのが「**あといくらあれば、金銭面で安心できるのか？**」を**具体的に試算する**ことです。

ざっくりとですが、大樹さんがこのままグループホームなどで支援を受けて生活した場合、親の仕送りがなくなるといくらぐらい不足するのかを計算したいと思います。

現在、大樹さんは年間10万円ほどのマイナスになっています。この不足を補って90歳まで生きる場合に必要な金額は、

90歳 − 46歳 = 44年間、10万円 × 44年分 = 440万円

貯金200万円があるので、あと240万円準備すればよいのですが、大きな病気や怪我をした場合や余暇活動などに備えてさらに200万円ぐらいプラスして440万円（計640万円）あれば、生活は十分維持できるでしょう。

試算後、父親の財産を確認すると、貯金や不動産、生命保険があり、終身保険に加入されていたので、父親が亡くなった際は大樹さんが1,000万円を受け取れることがわかりました。

第4章 親もお金と上手につきあおう

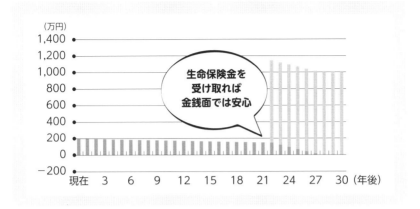

今回は、これといった対策もなく生命保険を確認しただけで、父親の不安をなくすことができました。このように、具体的に試算して見通しを立てることで、漠然とした心配事は解決できるのです。

もう1つ、事例を見てみましょう。

Example 障がいのある子から、生活費なんてもらえない？

あづささん（20歳／ダウン症）

あづささんは週20時間以下のパート勤務で実家暮らし。母親は自分が亡くなった後のことを考えて、グループホームの利用も検討中です。しかし、「グループホームで、経済的に問題なく暮らしていけるのか？ 娘のためにいくら残してあげればいいのか？」と心配で相談にいらっしゃいました。

あづささんが1か月に使うお金を聞いたところ、お給料が入ったら購入するアイドルグループのCD（約3,000円）、おやつなどを買うた

めのお小遣い（約7,000円）、美容院代（約3,000円）、携帯電話代（約7,000円）とのこと。キャッシュフロー表を立てるまでもなく、彼女はどんどんお金が貯まっていく状況でした。グループホームに入居した場合の収支も、特に問題なさそうです。

あづささんの1年間の収支

収入	
障害基礎年金	78万円
給料（手取り月5万円）	60万円
合計	138万円
支出	実家　　　グループホーム
	60万円　　　120万円

出典：鹿野佐代子　研究活動推進助成協力 2011

そこで、母親としては想定外だったでしょうが、あづささんのほうから家に生活費を入れてもらうことを話し合ってもらいました。

その結果、あづささんは母親に生活費3万円を払うことになりましたが、就労が安定しているうちはどんどんお金が貯まります。10年後にグループホームでの生活を始めると仮定し、その費用を月10万円と想定しても金銭面での不安はありません。

ダウン症の人の特性上、「体力が落ちてくる前にリタイアさせて、元気なうちに余暇などを充実させたい」という親の意向をふまえました。40歳で退職したとしても、だいたい70歳ぐらいまで生活費は維持できます。

将来、グループホームから施設入所になるとことがあるかもしれません。実は、施設入所には「自己負担額の上限」が決められています。低所得の人が入所した場合でも、少なくとも2万5,000円が手元に残るように利用者負担が設定されているのです。

第4章 親もお金と上手につきあおう

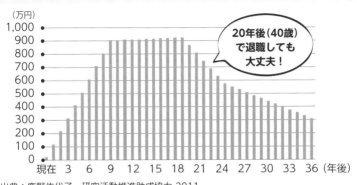

あづささんの貯金の推移（20歳から）

出典：鹿野佐代子　研究活動推進助成協力 2011

> 本来、成人して何らかの収入を得るようになったら、生活費を家に入れてほしいものです。しかし、「障がいのある子どもから生活費をもらうのは悪い気がします……」と受け取ることをためらい、障害基礎年金や子どもがもらった給料のほとんどを貯金に回している親もいます。親と同居している以上、水道・光熱費も食費も親が負担しています。自立心を養う意味でも、子どもの収支に余裕があれば、生活費を入れる習慣をつけてもよいのではないでしょうか。

　障がいのある子の親は、さまざまな不安を抱えていますが、今の貯蓄や子どもの状態が将来のすべてを決めるわけではありません。もしものときの親の貯金や、親が加入している死亡保険は、子どもの助けになるでしょう。また、国の保障や自治体のサービスも力になってくれるはずです。さらに、子ども自身がお金を管理する能力を身につけることで、余暇活動が充実し、より自分らしい人生を送れる可能性が広がります。それにより、親であるあなたの不安は、きっと安心に変わることでしょう。

今から知っておきたい障がい者とともにある制度

　知的障がいのある人やその家族をサポートする制度はたくさんあります。今必要なサポートはもちろんですが、これからの長い人生において、どんなサポート制度があるのかを知っておきましょう。それが、あなたの不安を少しでも軽くし、いざというときに「自分で調べる力」にもなるはずです。

　次の表は、大阪府で実施されている国や自治体のサポート制度の例です（出典：『平成27年度版　福祉のてびき』大阪府）。自治体独自のサポート制度は、それぞれ内容や条件が異なるので、お住まいの自治体ホームページや役所の障がい福祉課などに問い合わせて、調べてみてください。

障がいを持つ子ども向けのサポート制度の例

該当…○ 一部該当…△		知的			精神			備考
		A（重度）	B1（中度）	B2（軽度）	1級	2級	3級	
教育	障がい児の学び場（支援学校等）	○	○	○				障がいの状況に応じてさまざまな教育の場で学ぶ
	就学に関する相談	○	○	○				保護者が対象
	支援学校見学会	○	○	○				保護者が対象
	すこやか教育相談	○	○	○				児童・生徒や保護者、教職員からの相談対応
	特別支援教育就学奨励費の支給	○	○	○				保護者が対象。世帯収入に応じた就学への諸経費の負担軽減
	公立高等学校への進学（受験上の配慮）	○	○	○				障がいの状況に応じた受験上の配慮
	府立高等学校等（自立支援推進校及び共生推進校）への入学	○	○	○				知的障がいのある生徒が対象

該当…◯ 一部該当…△		知的			精神			備考
		A（重度）	B1（中度）	B2（軽度）	1級	2級	3級	
訪問指導・訓練事業・地域療育の支援	障がい児等療育支援事業	◯	◯	◯				主に障がい児を対象
日常生活の支援（障がい児）	児童発達支援	◯	◯	◯	◯	◯	◯	日常生活の基本的な動作の指導等
	医療型児童発達支援	◯	◯	◯	◯	◯	◯	肢体不自由のある障がい児に児童発達支援及び治療
	放課後等デイサービス	◯	◯	◯	◯	◯	◯	就学中の障がい児の授業終了後や夏休みの訓練や支援
	保育所等訪問支援	◯	◯	◯	◯	◯	◯	保育所等に通う障がい児への施設訪問による支援
	福祉型障がい児入所支援	◯	◯	◯	◯	◯	◯	施設に入所する障がい児への保護や日常生活の指導等
	医療型障がい児入所支援	◯	◯	◯	◯	◯	◯	施設に入所する知的障がい児等の保護や日常生活の指導等
	障がい児相談支援	◯	◯	◯	◯	◯	◯	障がい児通所支援を利用する児童が対象
	発達障がい児療育拠点	発達障がい児とその家族等が対象						児童発達支援事業・放課後等デイサービスによる療育・保護者指導
手当・年金・貸付等	障がい児福祉手当	△			△			20歳未満の在宅の重度障がい児。約1.5万円／月
	特別児童扶養手当	◯	△	△	△	△	△	20歳未満の在宅の重度・中度障がい児の父母等。1級：約5.1万円／月、2級：約3.4万円／月

障がいを持つ大人向けのサポート制度

該当…◯ 一部該当…△		知的			精神			備考
		A（重度）	B1（中度）	B2（軽度）	1級	2級	3級	
手当・年金・貸付等	障がい基礎年金（国民年金）	国民年金法による障がい等級表の1～2級該当者						20歳以上で国民年金法の障がい等級1～2級者が対象。1級：約98万円／年、2級：約78万円／年
	特別障がい給付金	国民年金法による障がい等級表の1～2級該当者						障がい基礎年金等を受給していない一定の者が対象。1級：約5.1万円／月、2級：約4万円／月

巻末資料

		知的			精神			備考
	該当…○ 一部該当…△	A（重度）	B1（中度）	B2（軽度）	1級	2級	3級	
手当・年金・貸付等	重度障がい者特例支援事業	△			△			障がい基礎年金等を受給していない在日外国人等。2万円／月
	障がい厚生年金・障がい手当金	厚生年金保険法による障がい等級表の1～3級該当者等						厚生年金保険法の障がい等級1～3級。額は規定による
	障がい者扶養共済制度	○	○	○	○	○	○	障がい者の保護者が加入し掛金を支払うと、加入者が死亡等のときに障がい者に終身年金が支給される。1口2万円／月
	特別障がい者手当	△			△			20歳以上の在宅の重度障がい者。約2.6万円／月
	重度障がい者介護手当	△						在宅の重度障がい者の介護者。1万円／月
医療費の助成	重度障がい者（身体障がい者・知的障がい者）医療費の助成	○	△					医療費助成。所得制限、一部自己負担あり
	重度障がい者訪問看護利用料の助成	○	△					利用料の2分の1を補助。所得制限あり
日常生活の支援	重度障がい者等包括支援	△			△			常に介護が必要な人に対する居宅介護等
	市町村障がい者相談支援事業	○	○	○	○	○	○	相談内容に応じ、必要な支援や専門支援機関の紹介を行う
減免・割引	心身障がい者用ゆうメールの料金	○						図書館との間で図書の閲覧のためのゆうメールの割引
移動	障がい者用リフト付バス	○	○	○	○	○	○	障がい者団体等のレクリエーションのためのリフト付きバス利用時の一部助成
	リフト付バス・超低床バス	○	○	○				リフト付きバスやスロープ付きバスの利用料の割引
	駐車禁止除外指定車標章	○			○			歩行困難者等が使用中の車は、駐車禁止規制の対象外になる
	障がい者等用駐車区画利用証							車いすを使う人がスムーズに駐車・移動できるためのダブルスペースの使用ができる
	自動車運転免許の取得費助成	△	△	△				運転免許取得費用の助成（市町村による）
	自動車改造の助成	△	△	△				障害者が使用する自動車の運転装置等の改造費用の助成（市町村による）
	リフト付き福祉タクシー	△	△	△	△	△	△	車いすやストレッチャーのまま乗降できるタクシーの運行

		知的			精神			備考
該当…○ 一部該当…△		A（重度）	B1（中度）	B2（軽度）	1級	2級	3級	
社会参加の促進	障がい者芸術・文化促進事業	○	○	○	○	○	○	芸術や文化の体験事業
	知的障がい者社会活動総合推進事業	○	○	○				戸外活動や各種レクリエーション教室の開催
	精神障がい者社会参加活動振興事業				○	○	○	スポーツや文化を通じた交流による社会参加促進
就労	ハローワーク	○	○	○	○	○	○	専門の職員の配置
	障害者職業センター	○	○	○	○	○	○	障がいがある人の就職や職場定着支援。手帳なしで利用可能
	大阪障害者職業能力開発校	○	○	○	○	○	○	障がい者の態様に応じた委託訓練
	社会福祉法人へ委託している職業訓練（障害者特別委託訓練）	○	○	○	○	○	○	障がい者の態様に応じた1年間の委託訓練
	在職者を対象とした職業訓練	○	○					障がい者の態様に応じた15時間の訓練
	短期の職業訓練	○	○	○	○	○	○	障がい者の態様に応じた1～4か月の委託訓練。無料
	障害者就業・生活支援センター	○	○	○	○	○	○	継続支援が必要な障がい者に対する相談・援助
	職場適応援助者（ジョブコーチ）による支援事業	○	○	○	○	○	○	円滑な職場対応を図る支援
	ITステーション	○	○	○	○	○	○	IT講習や利用者と企業の橋渡し
	社会生活適応訓練事業				○	○	○	協力事業所に通所し、社会参加コースと就労準備コースで最長2年までの訓練
	一般求職者給付・技能習得手当・寄宿手当・就業促進手当・訓練手当	○	○	○	○	○	○	雇用保険受給資格者が受給
	介護保険	△	△	△	△	△	△	65歳以上の要支援・要介護者、40～64歳までの特定疾病に該当し介護が必要な人
	後期高齢者医療制度	○			○	○		75歳以上。65～74歳で申請により一定の障がいがあると認められた人
	成年後見制度	○	○	○	○	○	○	判断能力が十分ではない人を保護し、支える制度

巻末資料

障がいを持つ人やその家族向けのサポート制度

		知的			精神			備考
	該当…○ 一部該当…△	A（重度）	B1（中度）	B2（軽度）	1級	2級	3級	
医療費の助成	歯科診療	△	△	△				対応の困難な障がい者の歯科診療
	自立支援医療費（精神通院医療）の支給				○	○	○	自己負担1割で受診。所得制限あり
手当・年金・貸付等	生活福祉資金	○	○	○	○	○	○	低所得世帯への貸付
減免・割引	自動車税・自動車取得税	△	△	△				自動車税や自動車取得税の減免
	軽自動車税	○	○	○	○	○	○	軽自動車税の減免
	所得税	○	○	○	○	○	○	障がい者控除27万円（特別障がい者の場合40万円）、心身障がい者扶養共済制度掛金控除など
	住民税	○	○	○	○	○	○	障がい者控除26万円（特別障がい者の場合30万円）、心身障がい者扶養共済制度掛金控除など
	消費税	○	○	○	○	○	○	健康保険や介護保険の給付など
	相続税	○	○	○	○	○	○	85歳に達するまでの期間×10万円を税額から控除（特別障がい者は20万円）、心身障がい者扶養共済制度の給付は非課税
	贈与税	○	○	○	○	○	○	特定障がい者が受け取る信託受益権のうち6,000万円までが非課税など
	大阪市営バス	△	△	△	△	△	△	本人または介護人の交通運賃の割引（3～5割引）
	タクシー	△	△	△	△	△	△	乗車時に手帳の掲示で1割引
	航空機・船舶	△	△	△				本人または介護人の割引
	有料道路	○	△	△				本人または介護人が運転する場合5割引
	NHK放送受信料	△	△	△	△	△	△	全額または半額免除
	NTTの無料番号案内（ふれあい案内）	○	○	○	○	○	○	事前登録により無料
	預貯金等の利子非課税制度	○	○	○	○	○	○	預貯金元本350万円、債券額面350万円まで非課税
	ニュー福祉定期貯金	△	△	△	△	△	△	ゆうちょ銀行での対象の年金・手当等を受給していると1年間金利上乗せ
	携帯電話	△	△	△	△	△	△	各携帯電話会社によって異なる
	映画館	○	○	○	○	○	○	障害者手帳の提示により本人と付添者が割引

165

		知的			精神			備考
該当…○ 一部該当…△		A（重度）	B1（中度）	B2（軽度）	1級	2級	3級	
減免・割引	府立施設	○	○	○	○	○	○	施設により、利用料・入場料の免除や割引など
住宅	府営住宅	○	○	○	○	○	○	所得や手帳の交付などの一定の要件を満たすこと
	住宅改造の助成	○						障がいの状態に応じた改造に最大100万円助成
日常生活用具	日常生活用具の給付・貸与	○	○	○	○	○	○	一部自己負担あり
日常生活の支援	居宅介護	○	○	○	○	○	○	入浴や排せつ、食事などの介護等
	重度訪問介護	△			△			行動上著しい困難がある場合の介護等
	行動援護	△	△	△	△	△	△	行動時に生ずる危険回避のための援助等
	療養介護	△						医学的管理のもとでの介護や生活援助等
	短期入所（ショートステイ）	○	○	○	○	○	○	介護者の病気等による短期間の入所
	生活介護	△	△	△	△	△	△	障がい者支援施設での日中の介護や援助
	施設入所支援	△	△	△	△	△	△	施設入所者への夜間入浴や介護
	自立訓練（機能訓練・生活訓練）							身体機能や生活能力の向上のための訓練
	就労移行支援							就労希望者への知識と能力向上のための訓練
	就労継続支援（A型・B型）							就労機会の提供による訓練や支援（A型は雇用契約に基づく）
	共同生活援助（グループホーム）							共同生活をする住居での介護や日常生活支援等
	地域移行支援	障がい者支援施設等・精神科病院に入所・入院している方等が対象						施設入所者に対する住居の確保等
	地域定着支援	居宅において単身等で生活する方が対象						単身生活者の緊急時支援等
	計画相談支援	○	○	○	○	○	○	障がい福祉サービスまたは地域相談支援を利用する方が対象

　制度の中には、初めて聞くものからよく知っている身近なものまで、あることでしょう。

そこで、障がいのある子どもとその周りの人が安心して過ごすための、11の制度やサービスをご紹介します。

① 日常生活自立支援事業

Q どんな制度なの？

　A　知的障がいや精神障がいのある人が、地域で自立した生活を送れるようにするためのサポート事業です。親がいなくても**預貯金の引き出しや預け入れ**、日常生活費の管理や住民票の届出などの**行政手続き**に関する援助、**定期的な訪問**等を利用できます。厚生労働省によると、平均的な利用料は、訪問1回あたり1,200円です。

Q どうやって利用するの？

　A　社会福祉協議会が相談窓口です。申請すると、希望者の生活状況と希望契約内容によって支援計画が決まります。

② 特定障害者特別給付費

Q どんな制度なの？

　A　市町村民税非課税世帯で障がいを持つ人が、ケアホームやグループホームなどで共同生活をする際の**家賃の一部補助**を受けられる制度です。給付額は月額1万円（家賃の範囲内）です。

Q どうやって利用するの？

　A　グループホームなどの事業者が請求するため、利用者は契約時の家賃から「特定障害者特別給付費」を差し引いた金額を払います。

③ 心身障害者扶養共済制度

Q どんな制度なの？

A 障がいがある人を扶養している親が掛金を支払い、親が死亡または重度障がい状態になった場合に、**子どもが一生年金を受け取れる**制度です。掛金は、加入時の親の年齢等により異なりますが、月額で１口9,300（平成20年４月１日以降新規加入の場合）〜２万3,300円。もしものときに受け取る年金額は、加入１口あたり月額２万円（最大２口４万円）です。なお、**親が65歳以降、かつ継続20年以上加入した後の掛金は免除**されます。また、支払った**掛金は全額所得控除**の対象となるため、親の納税負担を抑えつつ、親が亡くなった後の子の収入のサポートができる制度です。

Q どうやって利用するの？

A 独立行政法人福祉医療機構が行っており、市区町村の障がい福祉課や福祉事務所に申込書を提出します。

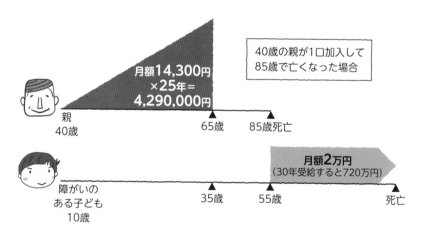

④ 財産管理等委任契約

Q どんな制度なの？

A 障がいを持つ人の預貯金の引き出し、家賃や税金の支払いなどの**「財産管理」**と、入退院時の事務手続きや介護サービスの契約などの**「療養看護」**の全部または一部を信頼できる**代理人に任せる（委任）契約**です。成年後見制度のように判断能力の低下がない場合でも、障がいの状態によって利用できます。

主な契約内容

- 預貯金の管理、払い戻し、振り込み
- 年金や給付金などの受領
- 公共料金の支払いや税金の申告、納付
- 年金証書、通帳、実印、国民健康保険証の保管および使用
- デイサービスや老人ホームへの入所、介護契約の締結
- 住民票、戸籍等の行政機関での手続き

Q どうやって利用するの？

A 財産管理を任せる人は、個人でも法人でも構いません。ただし、財産管理という性質上、契約書は司法書士や行政書士等の専門家のもと、**公正証書で作成しておくほうがよい**でしょう。

⑤ 成年後見制度

Q どんな制度なの？

A 判断能力が不十分とされる人の、預貯金などの「財産管理」や入退院時の事務手続きや介護サービスを受けるための契約、遺産分割協議の際のサポートをする制度です。

成年後見制度には、判断能力があるうちに将来の自分の後見人を選ぶ**「任意後見制度」**と、判断能力が不十分になった人を保護する**「法定後見制度」**の2種類があります（知的障がいや精神障がい等があっても、契約時に判断能力がある場合は、任意後見契約を結ぶことができます）。

　法定後見制度を利用すると、家庭裁判所が決めた親族などの成年後見人が、本人の利益を考えながら代理で契約したり、本人が不利益な契約をした場合の取り消しをすることができます（日用品の購入など日常生活に関する行為は本人の自由にできます）。

財産管理	身上監護
・預貯金の管理、払い戻し、振り込み等 ・日常的な生活費の送金や日用品の購入 ・年金や家賃収入などの管理 ・不動産を含む財産の管理、処分	・医療サービスや入退院の手続き ・要介護認定の手続き ・施設入所時の契約の手続き ・介護保険等の利用管理

Q どうやって利用するの？

A　法定後見制度を利用する場合は、住所地の**家庭裁判所**に申し立てます。費用は判断能力の常況（後見・保佐・補助）によって異なりますが、数千円〜10万円以下です。任意後見契約は、**公証役場**で公正証書によって契約し、費用は2万円程度です。

⑥ 死後事務委任契約

Q どんな制度なの？

A　**親が亡くなった後の諸手続きや葬儀、埋葬等に関する事務**を第三者に任せる（委任する）契約のことです。委任できる内容は、葬儀に関することのほか、亡くなった親の医療費や家賃の精算も可能なため、障がいを持つ子どもの負担を減らすことができます。

主な契約内容

- 医療費の支払いに関する事務
- 家賃や管理費等の支払いと敷金・保証金等の支払いに関する事務
- 老人ホーム等の施設利用料の支払いと入居一時金等の受領に関する事務
- 通夜、告別式、火葬、納骨、埋葬に関する事務
- 相続財産管理人の選任申立手続に関する事務

Q どうやって利用するの？

A 特定の書式等はありませんが、任意後見契約や財産管理委任契約とあわせて、公正証書にて作成したほうが安心です。

⑦ エンディングノート

Q どんな内容なの？

A 自分の人生を振り返るとともに、これからの目標を立て、医療や介護、葬儀等の希望、家族へのメッセージなどを記します。法的な効力はありませんが、法の縛りにとらわれることなく、**自由に自分の想いを伝える**ことができます。

Q どうやって利用するの？

A 市販されているエンディングノートを活用すると手軽に書けます。著者2人が加入する「NPO法人ら・し・さ」で作っているエンディングノートも書きやすくておススメです。

⑧ 福祉型信託

Q どんな制度なの？

A 障がいを持つ子どもの親（委託者）が、自分の財産を信じて託す人（受託者）を決め、親が亡くなった後も、子どもに定期的に生活費を渡すなどの契約を実行してもらう制度です。**成年後見制度などと組み合わせる**と効果が高まります。

福祉型信託は、公証役場で手続きできます。

⑨ リバースモーゲージ

Q どんな制度なの？

A 老後のお金が不足しそうなとき、自宅に住み続けながら、自宅を担保にしてお金を借り、死亡後に自宅を売却してローンを返済するという方法です。

実施先は、主に社会福祉協議会や一部の民間金融機関です。ただし、金融機関によっては対象となる地域が限られていたり、担保評価額が一定以上でないと借りられません。また、長生きした場合、借りた額が融資限度額に達してしまうリスクもあります。

⑩ 遺言

Q どんな制度なの？

A 遺言は、自分の亡くなった後に希望する財産の分け方等を、生前に書きとめておく制度です。遺言の内容・日付・氏名をすべて手書きし、印鑑を押す**「自筆証書遺言」**や、公証役場で公証人のアドバイスを受けながら作成する**「公正証書遺言」**などがあります。

Q どうやって利用するの？

A 自筆証書は、自宅で費用をかけずに手軽にできますが、**不備があり無効になるケースが多いのが現状です。トラブルを避けるなら公正証書で作成**することをおススメします。公正証書遺言は、相続財産の額によって作成費用が決まります。

⑪ 尊厳死宣言書

Q どんな制度なの？

A 尊厳死とは、回復の見込みがない「末期状態」と医師2人に診断された患者に対して、延命のみを目的とする生命維持治療は行わず、人間としての尊厳を保ったまま死を迎える選択のことです。たとえば、親が子どもに精神的かつ経済的負担を負わせたくないというような場合に備えて、**公正証書**に残します。必ずしも、医療現場でその希望が叶うわけではありませんが、医師に理解を求める準備として、家族で話し合っておきましょう。

Q どうやって利用するの？

A 公証役場で手続きをします。公証人に、自宅や病院まで出張してもらうこともできますが、その場合は出張料等がかかります。

「お金カレンダー®」&「マネポケ®」のご紹介

本書に登場した「お金カレンダー」と「マネポケ」は、著者それぞれが、子どもの金銭管理教育や家計管理のアドバイスを日々行う中で、「こんなものがあったら楽しくお金の管理ができるのでは？」と考えて形にしたものです。

❤ 子どものやる気を育む「お金カレンダー®」

お金カレンダーは、これから「お小遣い」をもらい始める子どもや、計算が苦手な知的障がいのある子や、発達障がい・ダウン症などの子どものやる気を引き出すマネートレーニングツールです。

ポケットに硬貨を入れることで1か月に使えるお金が「見える化」され、子どもにも管理しやすくなります。子どもの判断でお金を使うことで、欲しいものを買うために計画する力、管理する力が育ちます。

❤ ズボラさんのラクして貯まる「マネポケ®」

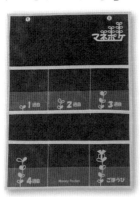

「家計簿ナシで簡単に家計管理をしたい！」という声から生まれた「マネポケ」は、1か月の現金予算をポケットに入れるだけで楽に家計管理ができるツールです。

予算内なら食費が多くても、レジャー費が多くても、何に使っても大丈夫。1週間に使える金額や時間の経過が一目でわかり、月末の赤字病とサヨナラできます。節約して余ったお金を「ごほうび」ポケットに貯めると、最後の週の楽しみが増えますよ。

また、お金についてしっかり学びたい人は『本気で家計を変えたいあなたへ』(日本経済新聞出版社)もご覧ください。

「お金カレンダー」「マネポケ」の発送作業は社会福祉法人の協力を得て行っています。詳しくは、「マネカレ企画」のホームページをご覧ください。

http://www.fp-will.jp/pocket/

● 著者紹介

鹿野佐代子（しかの・さよこ）

大阪府障害者福祉事業団に勤め、30年のキャリアの中で入所施設、生活支援、就労支援、余暇活動支援など経験を積む。結婚支援をきっかけに「性教育」を学び、育児支援や日々の業務から「金銭支援」の重要性に気づき、FP資格を取得。現在は多機能型福祉施設に勤務しながら、社会福祉法人大阪手をつなぐ育成会社会政策研究員として活動。知的障がいのある人への金銭教育支援や、その家族に対して「親亡き後」の対策などFP知識を活かした講演活動を行う。サービス管理責任者。AFP・2級FP技能士。大阪府在住。

論文『知的障がい者の家族に対するファイナンシャル・プランニング』で第4回日本FP学会賞 日本FP協会奨励賞、『浪費する知的障がい者へのファイナンシャル・プランニング』で第1回「FP向上のための小論文コンクール」最優秀論文賞を受賞。

前野彩（まえの・あや）

元学校の保健室の先生という異色のFP。自らの住宅購入や加入保険会社破綻の経験から、「お金に無知では自分の身を守れない」とFPに転身。家計の数字だけでなく、「気持ち」を大事にしたアドバイスに定評があり、毎年300件を超える子育て家庭の家計相談を受けている。講演会や企業研修は年間100件以上にのぼり、テレビや雑誌などのメディアでも活躍中。中学・高校のマネー教育講師や大阪成蹊大学の非常勤講師も務める。株式会社Cras代表取締役、FPオフィスwill代表。CFP®認定者・1級FP技能士・住宅ローンアドバイザー。大阪府在住。

主な著書は、『本気で家計を変えたいあなたへ』『書けばわかる！ 子育てファミリーのハッピーマネープラン』（日本経済新聞出版社）、『家計のプロ直伝！ ふるさと納税新活用術』（マキノ出版）、『危うくムダなお金を払うところでした』（産経新聞出版）。無料アプリ「あんしん老後の貯蓄計画」（iOS）も手掛ける。

イラスト	はち
装丁	大岡 喜直（next door design）
本文デザイン・DTP	マーリンクレイン

本書内容に関するお問い合わせについて

このたびは翔泳社の書籍をお買い上げいただき、誠にありがとうございます。

本書に関するご質問や正誤表については、下記のWebサイトをご参照ください。
　刊行物Q&A　　https://www.shoeisha.co.jp/book/qa/
　正誤表　　　　https://www.shoeisha.co.jp/book/errata/

インターネットをご利用でない場合は、FAXまたは郵便にて、下記"愛読者サービスセンター"までお問い合わせください。電話でのご質問は、お受けしておりません。
　送付先住所　〒160-0006　東京都新宿区舟町5
　FAX番号　　03-5362-3818
　（株）翔泳社　愛読者サービスセンター

回答は、ご質問いただいた手段によってご返事申し上げます。ご質問の内容によっては、回答に数日ないしはそれ以上の期間を要する場合があります。本書の対象を越えるもの、記述個所を特定されないもの、また読者固有の環境に起因するご質問等にはお答えできませんので、あらかじめご了承ください。

※本書の内容は2016年6月現在の法令等に基づいて記載しています。
※本書に記載されたURL等は予告なく変更される場合があります。
※本書の出版にあたっては正確な記述に努めましたが、著者および出版社のいずれも、本書の内容に対してなんらかの保証をするものではなく、内容やサンプルに基づくいかなる運用結果に関してもいっさいの責任を負いません。
※本書に記載されている会社名、製品名は、一般に各企業の商標または登録商標です。

今日からできる！
障がいのある子のお金トレーニング

2016年7月19日　初版第1刷発行
2021年7月5日　初版第5刷発行

　著者　　　　鹿野　佐代子・前野　彩
　発行人　　　佐々木　幹夫
　発行所　　　株式会社　翔泳社（https://www.shoeisha.co.jp）
　印刷・製本　株式会社　加藤文明社印刷所

© 2016 Sayoko Shikano, Aya Maeno

本書は著作権法上の保護を受けています。本書の一部または全部について（ソフトウェアおよびプログラムを含む）、株式会社　翔泳社から文書による許諾を得ずに、いかなる方法においても無断で複写、複製することは禁じられています。

造本には細心の注意を払っておりますが、万一、乱丁（ページの順序違い）や落丁（ページの抜け）がございましたら、お取り替えいたします。03-5362-3705までご連絡ください。

ISBN978-4-7981-4618-8　　　　　　　　　　　　　　　　　　　Printed in Japan